D1555284

Colección dirigida por
Gilles Farcet

Auto Observación

RED HAWK

AUTO OBSERVACIÓN

EL DESPERTAR DE LA CONSCIENCIA
MANUAL DEL USUARIO

HARA PRESS

Título original: *Self Observation - The Awakening of Conscience An Owner's Manual* de Red Hawk

www.harapress.com

Traducción: Claudia Espino
Revisión editorial: Jocelyn Del Rio
Diseño de cubierta: Rafael Soria

ISBN: 978-0-9840430-5-7
Library of Congress Control Number: 2016938745
Colección: Espiritualidad de hoy

Dedicatoria

Para Yogi Ramsuratkumar: Fuente

*Para Mister Lee: Inspiración, Santo Forajido,
Amigo Verdadero*

*Para Andre Enard: Información sobre la función crucial
de la sensación en la auto observación; Maestro de baile*

Para Maxie: Sentimiento y retroalimentación

Para Raindrop y Little Wind: Razones para comenzar

Para Iain, Jett y Jayce: Razones para continuar

Para Regina Sara Ryan: Gran ayuda en la edición

Contenidos

The Teaching

It is as old as the stones.
It came with Humans to the Earth
and it offers them a way out
of the web of sorrows
but at a price:
we must observe ourselves,
our behavior, our
inner and outer responses,
objectively. This means
without taking a personal interest
or doing anything about
the horror
which self observation uncovers:
like a bad boy with a stick
overturning a stone
and finding a mass of crawling things
beneath, but
he refrains
from stomping on them.

(Red Hawk, *The Way of Power*, 67)

Prólogo

La Enseñanza

Es tan vieja como las piedras.
Llegó a la Tierra con los Humanos
y les ofrece una salida
de la red de sufrimientos
pero tiene un precio:
debemos observarnos a nosotros mismos,
a nuestro comportamiento, a nuestras
respuestas internas y externas,
objetivamente. Esto significa
sin tomar un interés personal
ni hacer nada al respecto
del horror
que revela la auto observación:
como un niño travieso con un palo
que voltea una piedra
y encuentra una masa de cosas arrastrándose
debajo, pero
se abstiene
de pisotearlas.

(Red Hawk, *The Way of Power*, 67)

1

Auto observación
Conócete a ti mismo

El que conoce a los otros es sabio;
El que se conoce a sí mismo está iluminado.
(Lao Tsu, Tao Te Ching, *Sutra 33)*

Conócete a ti mismo, cansado Viajero.

Estoy perdido. He olvidado quien soy y por qué he venido aquí.

Conócete a Ti mismo es una de las enseñanzas espirituales básicas de la humanidad. Ha sido enseñada por los maestros desde que existen los humanos como los conocemos, es decir, con un neo-córtex o cerebro humano. Estaba escrita sobre la puerta de la Escuela de Pitágoras. Estaba tallada encima de la entrada del Oráculo de Delfos. Sócrates la enseñó a sus estudiantes, Krishna, Buda, Lao Tsu, Jesús, Rama, todos ellos la enseñaron. En el camino del despertar, esta enseñanza es fundamental.

La herramienta esencial para Conocerte a Ti mismo es pura auto observación. Buda la llama vigilancia. Krishna la llama meditación. Jesús la llama ser testigo. El Sr. Gurdjieff la llama auto observación. Es una forma de oración sin palabras. Es meditación en acción. A menos que logre conocerme a mí mismo, y hasta que no lo consiga, seguiré siendo llevado por mis hábitos, que no veo y sobre los cuales no tengo ningún control; soy una máquina, un autómata, un robot moviéndose en círculos, repitiéndome constantemente. No estoy consciente sino que inconsciente, repetitivo, *mecánico.**[1] Creo que estoy consciente, despierto, despierto porque mis ojos están abiertos. Pero el hábito es inconsciente, como piloto automático, sin voluntad ni intención; estoy dormido interiormente.

Además, siendo inconsciente, una criatura de hábitos, me lastimo a mí mismo, a mis relaciones y a mi entorno. El cuerpo humano es mamífero; todos los mamíferos son criaturas de hábitos. Somos animales de manada. Esta es una fuerza muy poderosa en el cuerpo, imposible de ignorar; hace que pierda el hilo de quien soy yo = atención* (consciencia*) y me identifique con el cuerpo, tan poderosa es mi necesidad de identificarme con algo, de ser incluido como parte de la manada. Los animales de la manada no piensan por sí mismos, la manada piensa y actúa por ellos. Cualquiera que sea la dirección que tome la manada, allá vamos. Aún si estamos siendo llevados hacia un precipicio, seguiremos hasta nuestra muerte antes de ir en contra de la manada y pensar por nosotros mismos. Pensar por mí mismo, conocerme, me expone al riesgo de ser expulsado de la manada, lo cual correspondería a una sentencia de muerte para un mamífero. La seguridad es la manada. Cuando un animal está separado de la manada está condenado, se vuelve presa fácil para los depredadores. En la profundidad de nuestro instinto, todos sabemos esto y tememos estar aislados de

1. Las palabras marcadas con un asterisco y en itálica la primera vez que son usadas, están definidas en el Glosario al final de este libro.

la manada. Así que lograr que un mamífero piense por sí mismo, que se observe, se conozca, es muy difícil. No es un comportamiento natural del mamífero. Requiere un esfuerzo consciente e intencionado. Requiere coraje y *voluntad de atención**. Hasta donde sé, los humanos son los únicos mamíferos que tienen la capacidad de observarse.

No estoy sugiriendo que si llego a conocerme a mi mismo mis hábitos cambiarán. Tienen toda una vida de inercia y fuerza emocional. Se repiten. Lo que puede cambiar en mí es mi relación con este cuerpo de hábitos. A esto se le llama "cambio de contexto". Tal como soy ahora, estoy identificado con mis hábitos (= "yo soy eso"). Me identifico a mí mismo *como* mis hábitos, yo soy lo que ellos son. Por lo tanto, "yo" y los hábitos somos uno, lo mismo. Estoy identificado. Con una auto observación paciente, honesta, estable y sincera, esta *identificación** puede cambiar. Puedo comenzar a ver al hábito *objetivamente,** es decir sin identificación, cómo un científico observa a un bicho bajo el microscopio. Se trata de una lucha con los hábitos, no en contra de ellos; la observación me mostrará con qué luchar y cómo luchar. P. D. Ouspenzky cita como excepción a la lucha contra el hábito, la lucha contra la expresión de la *emoción negativa;** esta no crea consecuencias inesperadas o no deseables (*In Search of the Miraculous*, Nueva York: Hartcourt, 1946, 12). Puedo empezar estudiando al cuerpo mamífero y aprendiendo sus hábitos. Siendo una criatura de hábito, se repite y puedo comenzar a discernir sus patrones intelectuales, emocionales y físicos. Puedo llegar a conocerme a mí mismo.

El cuerpo es un instrumento mamífero, una criatura de hábitos. Por lo tanto, es predecible. La cierva sigue exactamente el mismo camino hacia el abrevadero cada día. El león la observa y aprende a esperar en una rama baja a que ella pase por el sendero. Del mismo modo, el observador interior puede comenzar a predecir el comportamiento habitual del instrumento mamífero, el cuerpo, y a estar preparado para él. Aprende los patrones. Se conoce a sí mismo. Esta es mi única esperanza de volverme más consciente y no estar a la merced del hábito; si veo el hábito muy seguido, digamos 10,000 veces o más, entonces puedo comenzar a predecir dónde, cuándo y cómo se va a manifestar, exactamente cómo lo ha hecho muchas veces antes, y puedo estar preparado antes de que surja. Podré ser capaz de escoger otra alternativa. Indudablemente podré mirar al hábito de una forma más objetiva. De este modo, puedo dejar de ser siempre una víctima de mis propios hábitos. Puedo comenzar a encontrar algo de estabilidad interior, algo de equilibrio, algo de moderación en el tono, en el comportamiento, en la emoción y el pensamiento. Puedo recobrar la cordura, salud natural y la "*bondad fundamental*".*

La auto observación es la herramienta que permite que esto sea posible. Algunos la llaman "la primera herramienta", y otros "la herramienta humana". Es la herramienta a través de la cual el humano es capaz de operar, reparar y mantener el cuerpo humano, domar y entrenar sus funciones. Sin ella, soy una máquina, un autómata, un robot a la merced de fuerzas mecánicas inconscientes, repetitivas, tanto externas como internas. La auto observación es fundamental para el proceso del despertar del *alma** de su sueño inconsciente. Por lo tanto, hasta un idiota puede aprender a operar el *instrumento** (es decir instrumento biológico humano) efectiva y eficientemente al aprender a usar la herramienta que viene con el instrumento. Para volverse eficiente en el uso de la herramienta se requiere práctica. La práctica es la auto observación. Yo soy un mecánico; he aprendido algunas cosas sobre como usar la herramienta que viene con el instrumento. No soy un maestro, pero soy un buen mecánico porque he desarrollado la atención hacia el instrumento. Todos sabemos que un buen mecánico, uno que sea honesto, eficiente, práctico y consciente, puede ser de gran utilidad. Este es un manual del usuario escrito por un mecánico.

Para empezar es bueno y responsable tomar en cuenta esta importante nota precautoria: lo que aquí se plantea no es un *camino de fe*, es un camino de auto-estudio, de auto-conocimiento, un camino para Conocerte a Ti Mismo. Por lo tanto, nada de esto debe ser aceptado solo por fe; todo aquí debe ser, *tiene que* ser verificado por tu propia experiencia personal. No soy un maestro, simplemente un buen mecánico. La seguridad radica en ya no tomar por buena la palabra de otros sobre lo que sea. Demasiado tiempo hemos seguido ciegamente, como borregos, como animales de manada siguiendo al líder, aun cuando el líder lleva a la manada a un precipicio o a la guerra.

Todo debe ser verificado por la experiencia personal, de lo contrario, es meramente otra forma de esclavitud, una cadena más que me ata en mi inconsciente y mecánica esclavitud. Verifica, verifica, verifica todo por ti mismo. Libérate de los hábitos de toda una vida, de seguir ciegamente, de no pensar por ti mismo. No hay mejor camino, ni más seguro, hacia la libertad.

Lo repito, lo que aquí practicamos no es un camino de fe. Ese es completamente otro camino. Sin embargo, no quiere decir que no haya lugar para la fe en este camino; ciertamente lo hay. De hecho, lo que uno descubre cuando se compromete con "este trabajo práctico sobre uno mismo" durante un tiempo suficientemente largo es esto: si uno comienza con fe, su fe se fortalecerá por la comprensión adquirida a través de la auto observación sin juicio; si uno comienza sin fe – como hice yo - descubrirá que poco a poco ha adquirido fe. ¿Ves la maravillosa ironía? Este no es un camino basado en la fe, porque la fe es un regalo de la gracia; viene del *Creador** para aquellos que la necesitan. No podemos obtener la gracia a través de nuestros esfuerzos. Sin embargo, por nuestros esfuerzos podemos *preparar el terreno para recibir la fe*. Esta es una de las muchas recompensas del *Trabajo.** Aquí no debemos aceptar nada por fe; se nos pide verificar todo, todo, por nosotros mismos, verificarlo por sus méritos, por su verdad o su falsedad. Esto lo hacemos a través de la paciente auto observación sin juicio y a través de nuestra experiencia personal.

Know Thyself

Socrates exhorted His disciples to do so;
every Master including Jesus, who called it witnessing,
has taught his disciples to observe themselves,

so they might come to know themselves. On the other hand,
I am no Master and I say, Don't do it for God's sake!
They never tell us the terrible trouble it brings,

how we will never sleep easily again
in our unconscious selfish mad habits, how
what is now unconscious, hidden in us

will be revealed, like
opening a locked cellar door, turning on
the light and what you find down there

is the county asylum crawling with inmates,
Some wrapped in torn filthy sheets, others
naked and drooling; they are clawing and scratching

to gain position on the stairs, to escape, and
standing calmly in their midst, dressed
in robes of Light, is an Angel around whom

most of them huddle weeping, whose gentle touch
upon their fevered brows calms and soothes them.
This is what I am warning you about: never mind

the swarming lunatics, they are everywhere, but
once you have seen that Angel in your midst
the sorrow and longing will tear at you and

trouble you all the days of your life.

(Red Hawk)

Conócete a ti mismo

Sócrates exhortó a Sus discípulos a hacerlo;
cada Maestro, inclusive Jesús, quien lo llamó ser testigo,
ha enseñado a sus discípulos a observarse a sí mismos,

para que pudieran llegar a conocerse. Por otro lado,
yo no soy ningún Maestro y digo, ¡No lo hagas por el amor de Dios!
nunca nos hablan de las tremendos angustias que acarrea,

cómo nunca más volveremos a dormir tranquilos
en nuestros locos egoístas inconscientes hábitos, cómo
lo que ahora es inconsciente, escondido en nosotros,

será revelado, será como
abrir la puerta cerrada de un sótano, encender
la luz y lo que encuentras allá abajo

es el psiquiátrico del condado repleto de prisioneros,
algunos envueltos en inmundas sábanas destrozadas, otros
desnudos y babeando; se están desgarrando y arañando

para tomar un lugar en la escalera, para escapar, y
tranquilamente erguido entre ellos, vestido
en ropajes de Luz, está un Ángel alrededor del cual

muchos de ellos se aprietan llorando, cuya suave mano
sobre sus febriles sienes los calma y tranquiliza.
De esto te estoy advirtiendo: no te fijes

en la masa de lunáticos, están por doquier, pero
una vez que hayas visto ese Ángel dentro de ti
la tristeza y la nostalgia te desgarrarán y

te atormentarán todos los días de tu vida.

(Red Hawk)

2

El instrumento mamífero
Procesos internos

Cuando estás identificado con la mente no puedes ser muy inteligente porque estás identificado con un instrumento, te vuelves limitado por el instrumento y sus limitaciones. Y tu eres ilimitado –eres consciencia.
Usa la mente, pero no te conviertas en ella... la mente es una máquina hermosa. Si la puedes usar, te servirá; si no la puedes usar y ella comienza a usarte, es destructiva, es peligrosa. Su función es llevarte... al sufrimiento y a la miseria... La mente no puede ver; solo puede andar repitiendo lo mismo con lo que se le ha alimentado. Es como una computadora; primero hay que alimentarla... Pero debes permanecer el amo para que puedas usarla; de otro modo ella te va a dirigir.
(Osho. El Dhammapada: El Camino de Buda, *171)*

Desde el nacimiento nos han enseñado no verdades, muchas de ellas sin mala intención, solo por ignorancia. Una de estas importantes no verdades es que tenemos un alma. Esta es una enseñanza errónea, porque sugiere que el alma está separada de mí, como en: Tú tienes un coche; por lo tanto, el coche es una posesión mía, separada de mí. Así que crecemos creyendo que el alma está en algún lugar del cuerpo y que es una posesión mía, pero no es quien yo soy.

Una buena enseñanza me ayudaría a comprender no que tengo un alma, sino que soy un alma, y que existo por un breve momento en un *instrumento biológico humano,** un cuerpo humano. Somos almas que están teniendo una experiencia humana. Hasta donde sé, nosotros los humanos somos las únicas criaturas en el planeta con dos naturalezas en un solo cuerpo: somos "seres humanos": un humano, que es mamífero y es el cuerpo; y un "ser"* que no es humano y no es el cuerpo. Aquí utilizaré "ser" y "alma" para referirme a la misma cosa. Las almas que son enviadas a la Tierra son enviadas a la guardería para almas subdesarrolladas; somos almas en embrión. Somos enviados aquí para desarrollarnos, con ayuda. No podemos lograrlo solos. Y la ayuda siempre está disponible, si tengo los ojos para verla y los oídos para escucharla. Entre todas las fuentes de ayuda disponibles para el desarrollo de alma, ninguna es más crucial, más útil, más reveladora, o más directa y personal que la auto observación.

Hemos nacido dentro de un hermoso sistema, tan perfecto y preciso como la inteligencia que lo creó y nos creó. Dado que se espera que funcionemos y nos desarrollemos eficiente, segura y efectivamente en esta escuela para almas, en esta guardería, el *curriculum* no está diseñado de una forma generalizada, una misma medida para todos, como sucede con nuestra educación externa habitual. En esta escuela, la auto observación revela exactamente lo que cada alma quiere y necesita, cuando lo necesita, como lo necesita y a la velocidad requerida. No aprendemos todos al mismo ritmo. Las personas muy inteligentes pueden aprender lentamente. El aprendizaje que surge de la auto observación sucede exactamente al ritmo al que soy capaz y estoy dispuesto a observar, no más rápido. Por lo tanto, es seguro y está diseñado exactamente para las necesidades de cada alma. Estoy a cargo de la cantidad y del ritmo a los que aprendo.

Lo primero que debe ser entendido, y esto será repetido de muchas maneras a lo largo de este manual del usuario porque es difícil para la mente humana creerlo, es que el acto de auto observación es el único cambio que un ser humano necesita hacer en su comportamiento; todo lo demás, todos los cambios fundamentales en el comportamiento, la emoción y el pensamiento surgen como consecuencia de esta práctica. En otras palabras, la auto observación es un cambio radical, revolucionario, evolucionario y fundamental en el mundo interior del instrumento biológico humano. Werner Heisenberg fue un físico alemán del siglo veinte. Su descubrimiento cambió nuestra manera de ver la física, y se le llamó "el principio de incertidumbre de Heisenberg". Dice sencillamente lo siguiente: el acto de observar modifica al objeto observado. Y esto ha sido comprobado tanto a nivel del micro, como a nivel del macro, desde la observación de partículas subatómicas a la observación de galaxias. Las leyes físicas y las leyes metafísicas son idénticas; la física describe las leyes externas, la metafísica las leyes internas. Por lo tanto, la auto observación modifica lo que se observa dentro de uno. Yo no tengo que cambiar nada; de hecho, el intentar cambiar algo es un error y conduce a problemas. Yo no sé qué cambiar ni cómo cambiarlo.

Todo lo que tengo que hacer es observarme honestamente y sin juicio.

Somos almas en cuerpos mamíferos. El cuerpo tiene funciones internas, entre las cuales están las funciones intelectuales, emocionales, instintivas y motrices. Cada una de estas funciones utiliza un tipo especial de energía único a su función y diferente de la energía de las otras funciones. Por lo tanto, la energía requerida para el pensamiento no es la misma que la energía de la emoción. Esto se observa fácilmente y esta diferencia puede ser tanto sentida como observada. La observación incluye sentir el cuerpo, sentir sus extremidades, su peso y masa, así como la energía que se mueve dentro de él. Cada una de estas funciones energéticas internas tiene su propio *centro** de energía, a veces llamados en otros sistemas "chakras".

El centro intelectual es el centro del pensamiento, la cabeza-cerebro, el hemisferio izquierdo; el centro emocional es las emociones y está localizado aproximadamente en la región central del pecho-plexo solar; el centro instintivo está localizado en el ombligo; y el centro motriz está localizado en la base de la espina dorsal. Estos centros de energía pueden ser sentidos a través de la atención dirigida. Cada uno de estos centros opera con una energía diferente y a una velocidad diferente. Ilustrar esto es sencillo. Supón que un hombre camina entre hierbas altas hacia el río y junto al camino está una serpiente lista para atacar. Antes de que el hombre pueda hacer nada conscientemente, su cuerpo ya brincó. Esto ilustra la velocidad relativa de los centros entre ellos. El centro instintivo es tan rápido que puede descomponer, absorber y diluir un trago de alcohol o una pastilla analgésica, a segundos o hasta a milisegundos de su ingesta, si uno lo piensa, es verdaderamente asombroso. Si el centro intelectual tuviera que hacer lo mismo, le tomaría días, semanas, años. Después del centro instintivo, como puedes imaginar, le sigue en velocidad el centro motriz. El centro motriz responde a la reacción del centro instintivo ante la serpiente muy, muy rápidamente, desde la necesidad de sobrevivencia. Con el propósito de simplificar las cosas, algunas tradiciones unen los centros motriz e instintivo, nombrándolo "centro instintivo-motriz" y hablan entonces del "hombre tricentrado". El Trabajo de Gurdjieff, por ejemplo, usa esta simplificación, y es útil también para nuestros propósitos aquí. (Para una descripción más exacta de la velocidad de los centros, ver Ouspensky, *In Search of the Miraculous*, 193-195, 338-340 y Ouspensky, *The Psychology of Men's Possible Evolution*, New York, Vintage Books, 1974. 76-82).

El centro intelectual es mucho, mucho más lento y funciona después de que haya tenido lugar un hecho. Una vez que el cuerpo está fuera de peligro, la mente reacciona, pero demasiado lento para salvar mi vida. Ese es el trabajo del centro instintivo-motriz. Y siempre el último en saber lo que pasa es el centro intelectual, siempre el último-en-saber porque es por mucho el centro más lento de los cuatro. Una vez que tengo una carga emocional y que el cuerpo está fuera de peligro, entonces el centro intelectual entiende la situación y comienza por tomar lo que sucedió en el pasado y a proyectarlo en el futuro, como en: "¡Ay, Dios mío! Nunca más volveré a tomar este camino". Y, sin embargo –considera esto– es a este centro, el más lento de todos los centros, el centro que siempre es el último en saber, al que le asignamos la carga imposible de manejar la vida. Esto no es para lo que fue diseñado, sino lo que ha sido forzado a hacer por nuestra cultura y nuestro estilo de vida. Todo nuestro sistema educativo está diseñado para educar únicamente al centro intelectual. Las emociones y los sentimientos, que no son lo mismo, no tienen cabida en nuestra educación. Tampoco el instinto. Antes por lo menos considerábamos al cuerpo físico, el centro motriz, con lo que llamamos educación física. Pero aún ese poco ha desaparecido de nuestra estructura educacional tecnológica y científica. El resultado es un humano desequilibrado. Cada uno de nosotros está desequilibrado, es decir que tenemos nuestro centro de gravedad o nuestra respuesta a la vida, en uno de los tres centros: instintivo-motriz o persona sensual; persona emocional, cuya respuesta primaria a la vida es emocional; o persona intelectual, cuya respuesta primaria es pensar acerca de las cosas. En cada uno de nosotros domina un centro y, por consiguiente, nuestra respuesta a los estímulos difiere de acuerdo a nuestro tipo o centro de gravedad. Una respuesta no es mejor o más valiosa que otra; todas son iguales y todas son igualmente desequilibradas e inadecuadas a la situación presente.

Así que para que el centro intelectual lleve a cabo la tarea para la cual no fue creado y que no puede desempeñar, debe lentificar todo. Para hacer esto, procesa todo a través de sus hábitos = predecibles, controlables, no requiere pensar = piloto automático = menos estrés para llevar a cabo un trabajo imposible. En cambio, si confío en mi instinto, recibo una serie de respuestas totalmente diferente, no del pasado, del hábito, sino una respuesta inmediata ante la situación presente. Funcionando desde el hábito, la mayor parte del tiempo me vuelvo ineficiente e inadecuado.

Una de las primeras tareas de la auto observación es tratar de observar estos centros en acción y sentir la calidad de la energía que es adecuada al funcionamiento de cada centro. Por supuesto hay más de tres centros, pero para el propósito de la auto observación, es útil comenzar tratando de discernir la acción de estos tres centros y sentir la energía específica de cada uno de ellos.

The Star-Driller's Attention
(for Little Moose)

In a dark and narrow tunnel they kneel
one behind the other
lit only by lamps on their hats,
drilling holes for dynamite.

The front man holds the 5-foot drill
with its star-shaped, tapered point.
One hand is inches from the butt.
His beam is focused on the point.
He never looks back.

The rear man swings the 12 pound hammer
with all his might.
His beam is focused on the butt.
He never looks away.

The rhythmic noise of the blows is deafening
in that small tight place so
their ears are plugged and they never speak.
Sometimes the front man will tire
and wish to rest.

He cannot yell,
he cannot turn,
so just after the hammer strikes
he places his thumb

directly over the butt
where the hammer lands.
The rear man's beam
Is focused on the butt.

He never looks away.

(Red Hawk. *The Sioux Dog Dance*, 13)

La atención del taladrador de estrella
(para Little Moose)

En un oscuro y estrecho túnel se arrodillan
uno detrás del otro
iluminados solo por la luz en sus cascos,
taladrando hoyos para dinamita.

El hombre del frente sostiene el taladro de 5 pies
con su punta en forma de estrella.
Una mano está a pulgadas de la culata.
Su haz enfoca la punta.
Nunca mira atrás.

El hombre de atrás golpea con el martillo de 12 libras
con toda su fuerza.
Su haz enfoca el blanco.
Nunca mira para otro lado.

El ruido rítmico de los golpes es ensordecedor
en ese pequeño y estrecho lugar así que
sus oídos están tapados y nunca hablan.
A veces el hombre del frente se fatiga
y quisiera descansar.

No puede gritar,
no puede voltearse,
así que justo después de que el martillo golpea
coloca su pulgar

directamente sobre el blanco
donde el martillo golpea.
El haz del hombre de atrás
enfoca el blanco.

Nunca mira para otro lado.

(Red Hawk. *The Sioux Dog Dance*, 13)

3

Cómo observar Principios básicos

Tu trabajo es descubrir tu trabajo
Y entonces con todo tu corazón
Entregarte a él.
(Buda. Dhammapada*, 62)*

La práctica de la auto observación incluye la práctica de "encontrarte a ti mismo", ubicándote en el tiempo y el espacio, en el cuerpo pero no como el cuerpo, y luego dirigir al cuerpo: esto es conocido como recuerdo de sí. La auto observación y el recuerdo de sí van juntos como derecha e izquierda; son una sola cosa. La auto observación es una práctica y es parte de un sistema de prácticas que tomadas juntas se han llamado tradicionalmente "El Trabajo". Es decir, estas prácticas son la tarea dada al alma para que se desarrolle en la escuela de la Tierra. Se nos da la oportunidad en cuanto seres humanos, de aprender cómo trabajar de manera que nos desarrollemos y maduremos como almas y por lo tanto nos volvamos útiles a nuestro Creador y a Su creación. Las almas maduras saben como trabajar y hacen su trabajo. Buda lo llama "El camino de la perfección" (*Dhammapada*, 96). La auto observación es, por lo tanto, una práctica legítima y un camino de poder, así que debe ser practicada de acuerdo a sus leyes. Los malos hábitos se multiplican y acarrean varios problemas, mientras que el practicante honesto y atento siempre tendrá una fuente de ayuda interior que lo sostenga durante las etapas difíciles y las batallas.

Los cuatro principios fundamentales de la auto observación son los siguientes:

1) No juzgar: este es el principio más difícil de comprender. La mente es el juez, constantemente juzgando a cada persona, evento y cosa que ocurre en la vida. Juzga para poder archivar/almacenar la información. Lo hace estableciendo dos grandes categorías en las cuales archiva a toda la gente, eventos o cosas que suceden en la vida: me gusta//no me gusta (o bueno//malo – etc.). Entonces, por asociación (comparación y contraste) juzga cada cosa, constantemente, para poder etiquetar y archivar todo. También juzga cada una de mis acciones *para crear la ilusión de separación entre yo y la acción*: digo palabras crueles, luego juzgo esas palabras como malas y, al hacerlo, creo la ilusión de que yo estoy separado de la acción que estoy juzgando. En el momento en que hay culpa, hay separación con respecto a lo que se culpa. De este modo, me evito a mí mismo el ver y sentir mi comportamiento y tomar la completa responsabilidad del hecho me evito el ser dueño de mi comportamiento. El juicio me mantiene ciego de mí mismo. Y yo creo totalmente en este proceso de juicio, ya sea aceptando o rechazando lo que me dice. De cualquier forma, yo estoy "identificado" (= "yo soy eso") con el proceso de enjuiciar. Él manda, yo obedezco sin hacer preguntas.

Así que, observar sin juicio significa sostener la atención en las *sensaciones**-del-cuerpo, permanecer estable y sin mover en el cuerpo, relajar el cuerpo, y permitir que el proceso se disuelva. Cuando el complejo intelectual-emocional desata un movimiento que no es adecuado para la situación del momento, dejo que ese movimiento de pensamiento y/o de emoción me recuerde estabilizar y mantener la atención fija en las sensaciones del cuerpo –estar presente en el cuerpo sin agarrarme ("identificarse con") al pensamiento o a la emoción: me encuentro a mí mismo, controlo al cuerpo–. Entonces veo qué sucede con la energía del pensamiento/emoción cuando no la sigo o no permito que capture mi atención. Así como un venado escondido en las hierbas cuando el cazador acecha, deja la atención permanecer totalmente inmóvil, fija, estable frente al complejo intelectual-emocional que busca atraer a la atención para capturarla y consumirla para sus propios habituales y bien establecidos propósitos, es decir, restablecer y/o mantener sus patrones.

La ley del mantenimiento: lo que no se alimenta se debilita; lo que se alimenta se fortalece. O bien el complejo intelectual-emocional se alimenta de la atención y se fortalece, mientras que la atención se debilita, es capturada por cada leve brisa, fácilmente distraída y tomada por cada mínimo pensamiento//emoción; o bien la atención se alimenta del complejo intelectual-emocional y se fortalece, se vuelve más estable, capaz de mantenerse inalterada por periodos de tiempo más largos, capaz de evitar la distracción, capaz de permanecer libre y estable en medio de las feroces tormentas intelectuales//emocionales. El *próposito** del alma madura es *una atención libre y estable* aún en el momento de la muerte del cuerpo. El alma es atención; no pone atención, *es* atención (consciencia). Yo soy atención.

2) No cambiar lo que es observado: esto también es difícil de comprender porque el impulso por cambiar lo que observo en mi comportamiento es una trampa que me mantiene esclavizado en un ciclo sin fin de culpa y recriminación. Es como un juez que trata de cambiar lo que es observado – este juicio que comanda cambiar cualquier comportamiento captura inmediatamente la atención y la proyecta a un estado de "identificación" con lo que es observado. La atención ya no está libre y estable, sino capturada y consumida por la mente que juzga, la cual por asociación (comparación y contraste) está etiquetando y archivando el comportamiento en su amplia bodega compuesta de "me gusta//no me gusta" o "bueno//malo"– etc. En el momento en que me pierdo etiquetando el comportamiento como "malo" dejo de observar. Me vuelvo el que juzga y la atención está consumida por eso. Ya no puedo dirigir la atención a las funciones internas del cuerpo, porque la misma está tomada por el juicio. A este punto estoy identificado con el comportamiento, y siendo este juzgado como "malo", entonces emerge la orden de cambiarme a mí mismo, como en: "Tengo que dejar de fumar. Fumar es malo". Esto en sí puede ser cierto, pero con la identificación, el mensaje se vuelve "Yo soy malo y tengo que cambiar." El juicio se alimenta de la atención: el hábito debe ser alimentado para mantenerse vivo y crecer.

Pero, cuando la atención permanece estable e inalterada, enfocada en la sensación del cuerpo y manteniendo el cuerpo relajado, entonces el juez no tiene a donde ir, solo le queda alimentar a la atención estable e inalterada. Pensamiento y emoción = energía en el cuerpo. La primera ley de la materia (física de Newton) es: la materia (que es energía) no se crea ni se destruye, sólo se transforma. Por lo tanto, cuando hay un influjo de energía en el cuerpo (el cual es constante: "Danos hoy nuestro pan de cada día" como lo dicen los Evangelios) esta energía es capturada (robada) por el complejo intelectual-emocional y usada para recrear los psico-dramas. La energía tiene que ir a algún lado, por ley, así que si no es consumida por el complejo intelectual-emocional como psico-drama, entonces debe ser transformada en alimento para la atención de acuerdo a la ley. El psico-drama es como sigue: lucho por cambiarme basado en el juicio "No sirvo para nada/soy malo/estoy equivocado" = una vida de drama para cambiar lo que soy. La alternativa es observar sin caer en la "identificación" con el proceso del juicio, aceptando todo lo que vea, permitiendo que se quede en el cuerpo, y no hacer absolutamente nada al respecto – simplemente observar, relajar, aceptar, permitir – sin estar ni a favor ni en contra. En las antiguas escuelas espirituales esta práctica se llamaba "*neti-neti*" = "ni esto-ni aquello". En las escuelas chamánicas esta práctica era conocida como "no hacer". También se le llamaba "parar al mundo". Solo una alma madura comprende y obedece la ley de la atención. Aquel que no sigue la ley es un prisionero, un esclavo, esclavizado por la "identificación" toda la vida haciendo exactamente lo que le dice el juez, sin cuestionamiento, en el sufrimiento y en el dolor. Esta identificación constante con el proceso de juicio es conocida como "*contaminación*"*.

3) Mantener la atención en la sensación del cuerpo teniendo el cuerpo relajado: No hay observación sin sensación es otra manera de describir este principio. Esto es llamado en algunas tradiciones "recuerdo de sí". O sea, es la primera etapa del recuerdo de sí: me encuentro a mí mismo. La auto observación sola no es suficiente si al mismo tiempo no me recuerdo de mí mismo– es decir que, cuando observo, primero debo encontrarme a mí mismo, debo localizarme en el tiempo y el espacio, en el cuerpo, en el presente. Al mismo tiempo en que estoy observando, mantengo parte de mi atención enfocada en la sensación del cuerpo. Siempre hay sensación en el cuerpo; puede ser experimentada desde el interior del cuerpo y desde el exterior, observándola de ambos modos. Pero a menos que pueda arraigar la observación manteniendo la atención en la sensación del cuerpo (la sensación de la energía moviéndose en el cuerpo, la sensación del pensamiento moviéndose, la sensación de la emoción moviéndose, la sensación de la tensión física en los músculos, la sensación de relajación, de adormecimiento, las sensaciones llegando a la máquina a través de los cinco sentidos: vista, olfato, gusto, tacto, oído – todo esto es lo que se entiende por "sensación") entonces la observación nace solamente desde el centro intelectual. Por lo tanto, no está arraigada y simplemente se suma a la locura. Lleva a fantasías del tipo: mírame, estoy "trabajando"; o: mírame, estoy en el "Trabajo" y "trabajo" todo el tiempo. Algo así. La mente mentirá. Se imaginará que hay Trabajo mientras que de hecho no pasa nada. Entonces, las primeras tres leyes de la auto observación son:

> Auto observación sin juicio.
> No cambiar lo que es observado.
> No hay observación sin sensación.

La atención debe permanecer arraigada = presente, enfocada en lo que está justo frente a mí. Qué mejor manera que enfocarme en el cuerpo, a través del cual fluyen todas las "impresiones". El cuerpo siempre y sólo está en el presente; el cuerpo es sólo un fenómeno del presente.

La mente divaga fuera del presente, el resto del cuerpo no. La sensación siempre sólo es un fenómeno del presente. Debo recordar que "estoy aquí ahora" en este lugar, en este momento. De otro modo sólo se trata de imaginación, pretensión, que nace del intelecto y sin tener ningún arraigo o presencia. Siempre hay sensación en el cuerpo. Siente las extremidades (trata de sentir el dedo gordo derecho sin mirarlo), siente el peso y la masa del cuerpo. Otra buena práctica para sentir el cuerpo es mantener ambos pies en el piso con la espina dorsal bien derecha y en una postura relajada. Esto es llamado "la práctica de la sensación corporal", porque a) regresará inmediatamente la atención (que es lo que soy) al cuerpo, la arraigará, y pondrá la atención en su sitio es decir en el cuerpo; b) enfocará la atención en el cuerpo y sus sensaciones; c) alejará el enfoque de la atención de la mente y de mi estado de ánimo, y lo colocará en el presente. A partir de allí tendré la posibilidad de ser libre de escoger, en lugar de que sea mi estado de ánimo el que escoja por mí, hable por mí y actúe por mí.

En otras palabras, puedo al fin ser un ser humano y no una máquina de hábitos, parecida a un robot en piloto automático. El esfuerzo consiste siempre en liberar en todo momento la atención (que es lo que soy) de modo que no sea capturada y consumida por la fuerza de los hábitos del cuerpo, sino que sea libre de escoger de acuerdo al propósito, no según el humor del momento. La actitud de la mayoría de los seres humanos está determinada por su humor, por lo tanto son esclavos de éste. Es el humor el que piensa por ellos, habla por ellos y actúa por ellos. El humor es como el clima – una nube en el cielo no es de mi incumbencia, ni puedo hacer nada al respecto sino simplemente observarla; de igual manera, el humor es el clima interior, una nube que está pasando a través del cielo interno. No soy yo, no tiene por que afectarme de ninguna manera, y así como la nube, no es de mi incumbencia ni interés. Soy libre de escoger mi actitud en todo momento, independientemente de las circunstancias internas o externas. Cada vez que estoy en un conflicto emocional de cualquier tipo, está la práctica de la sensación corporal para ayudarme a no identificarme: llevo la atención a sentir el cuerpo por dentro y fuera. Esto es auto observación con recuerdo de sí.

4) **Ser despiadadamente honesto con uno mismo** (de la enseñanza de Mister Lee Lozowick) también significa: digo la verdad sobre mí, sin importar lo que puedan pensar de mi los demás. Este tipo de honestidad es crucial en la auto observación. Sin ella, nos unimos a la masa de la humanidad, cuya principal preocupación es verse bien ante los demás. Así que esta "honestidad despiadada consigo mismo" puede ser llamada la cuarta ley de la auto observación porque me mantiene honesto y en el proceso produce un hermoso fruto que es la humildad. La humildad es un regalo, es la gracia y llega a aquel que trabaja en sí mismo con honestidad. Es fácil para mí mentirme y lo hago todo el tiempo. Tengo una imagen de mí que me ve a mí mismo como justo, bueno, noble, todas las virtudes admirables; o puede ser que la imagen sea de malvado, feo, como en "no valgo nada". Ambas son falsas, porque ambas son parciales, incompletas. Pretendo ser esto también frente a los demás. Y por dentro estoy ciego a mis propias contradicciones. Son estos hábitos de comportamiento los que contradicen esta imagen de mí y mis mentiras evitan que la vea y la sufra. Cuando practico la "honestidad despiadada sobre mí mismo" aprendo lo que significa *sufrimiento voluntario** porque

comenzaré a ver mis contradicciones sin mentiras ni juicio, simplemente como son en mí. Y voy a sufrir. El Trabajo me pide permanecer en este dolor, sin hacer nada, sin tratar de cambiar nada, sin juzgar nada, simplemente sintiendo totalmente el dolor sin juzgarlo ni bueno ni malo, correcto o incorrecto. Simplemente permanecer en el dolor y permitirle ser sentido a través del cuerpo. El dolor emocional o psicológico es energía en el cuerpo. Nada más. El cuerpo sabe que hacer con la energía pero solo *cuando no interfiero.* Pero mis hábitos interfieren: pienso acerca del dolor, reacciono al dolor, juzgo el dolor, lucho contra el dolor, trato de "arreglar" el dolor, y así continúa. Interfiero a través de mi comportamiento habitual. Por lo tanto, el dolor se vuelve peor; se amplifica. Pero si simplemente permanezco en el dolor, sin hacer nada, solo sintiendo el cuerpo y el dolor, entonces el cuerpo transforma la energía. Con la identificación alimento al dolor; mientras que con la observación sin juicio y permaneciendo en el dolor, sintiendo el cuerpo, es él que me alimenta: ésta es una ecuación metafísica. En la física de Newton, la primera ley del movimiento dice: "Un objeto en movimiento (dolor) tiende a permanecer en movimiento, a menos que una fuerza externa (auto observación sin juicio) actúe sobre él".

Mr. E.J. Gold ha dicho, "La máquina biológica humana es un aparato transformacional", la cual sabe que hacer con la energía si yo no interfiero. Velo una vez y nunca jamás tendrás la misma relación con tu dolor emocional, no podrás. Esto no significa que cesen los hábitos. Por supuesto que no. Pero *mi relación con el hábito es diferente.* Esto hace toda la diferencia.

Honesty

If you want to see what real honesty is
look no further than the dog.
The dog doesn't give a damn for looking good

but will hunch the leg of the Queen's mother
if it feels like it. The dog
doesn't care what the hell you think, it will

lick its balls in the presence of the Pope
if that is what it has a mind to do.
The dog does not stand on position, power,

wealth or fame of any kind. He will
bite the rump of the Emperor if he
tries to pick up the dog's food; the dog

will lift its leg on the whitewall tire
of the Prime Minister's limousine or
shit on the Dalai Lama's prayer rug

because he is a dog and that
is what dogs do and
in some secret uncorrupted part of the self

we admire this honesty in dogs, because
we see it is absent in ourselves and
we know that such honesty

comes with a terrible price in this world.

(Red Hawk, *Wreckage With a Beating Heart*, 190)

Honestidad

Si quieres ver lo que la honestidad verdadera es
no busques más allá del perro.
Al perro no le importa un comino verse bien

sino que cogerá la pierna de la Reina madre
si se le antoja. Al perro
no le importa que carajos opines, se

lamerá los huevos en presencia del Papa
si eso es lo que se le antoja.
Al perro no le importa posición, poder

fortuna o fama de ningún tipo.
Morderá el trasero del Emperador si este
trata de tomar la comida del perro. El perro

levantará su pata en la llanta carablanca
de la limusina del Primer Ministro o
se cagará en el tapete de oración del Dalai Lama

porque es un perro y eso
es lo que hacen los perros y
en alguna parte incorrupta del ser

admiramos esta honestidad en los perros, porque
vemos su ausencia en nosotros y
sabemos que tal honestidad

tiene un precio terrible en este mundo.

(Red Hawk. *Wreckage With A Beating Heart*, 190)

4

La voluntad de atención

La auto observación es muy difícil. Entre más lo intenten, más claramente se darán cuenta de ello.
Por ahora deben practicarla no para obtener resultados, sino para darse cuenta de que no pueden observarse a sí mismos. Cuando lo intenten, el resultado no será auto observación, en el verdadero sentido de este. Pero el tratar fortalecerá su atención.
(G.I. Gurdjieff. Views From The Real World, *88)*

Yo soy atención (consciencia), nada más. El alma sólo es atención. Así como soy ahora, la atención es muy débil, está estropeada por toda clase de influencias externas. El señor Gurdjieff continuó en la plática arriba citada diciendo, "La auto observación sólo es posible después de adquirir la atención" (Views. 90). Somos seres muy estropeados en este siglo veintiuno. Hemos envenenado el medio ambiente de la Tierra, por lo tanto estamos sujetos a enfermedades mortales ambientales como el cáncer, que tiene dimensiones epidémicas en el planeta. Más aún, nuestra tecnología está fuera de control porque no se usa conscientemente, es decir, apropiadamente. La televisión y las computadoras han dañado enormemente, prácticamente destruido, la función de la atención en los seres humanos. Nuestro desarrollo neuronal, desde muy temprana edad, está entorpecido por la exposición a la televisión y a las computadoras; el cerebro reproduce (imita) los rápidos cambios de imágenes en la pantalla, y los billones de complejas conexiones neuronales que se forman después del nacimiento y durante los primeros tres años de vida, esas conexiones sutiles que hacen posible sostener la atención, la habilidad de mantener la atención en un solo objeto o proceso por periodos largos, son dañadas o destruidas. Se obtiene una atención programada para cambios rápidos y movimiento constante. El resultado es una raza de humanos hiperactivos con una inteligencia pasiva, programados no para resolver problemas pasando a través de una serie de pasos desde el punto A hasta el punto D, sino programados para recibir las respuestas ya sea con un clic del mouse o dada por un comentarista, una gratificación instantánea. Ya no pensamos por nosotros mismos; no sabemos mas como pensar.

Además, como nuestra capacidad de atención está gravemente dañada, no podemos mas enfocar la atención en un objeto o proceso por un cierto tiempo. Nuestra atención cambia constantemente. Nuestras mentes corren. Nuestras emociones están enganchadas a la acción, al movimiento y al estremecimiento. Por esto, al principio, es casi imposible practicar la auto observación. Nuestra atención es simplemente incapaz de ello. Está constantemente distraída por pensamientos y emociones y estímulos externos. Vagamos dentro y fuera de la consciencia, permaneciendo principalmente en un estado inconsciente, mecánico, en piloto automático. Es por ello que en el Trabajo se dice que los humanos no pueden "hacer". Esto significa que yo no puedo hacer una elección consciente, mantenerme en mi elección durante un periodo largo de tiempo sin desviarme, y llegar a una conclusión exitosa. En cambio, sin cesar comienzo proyectos, acciones o relaciones nuevas y luego los abandono sin terminar. O peor aún, tengo la intención de hacer algo y termino haciendo lo opuesto. Miren como esto aplica a sus relaciones.

Carezco de verdadera *voluntad.** No tengo voluntad propia. En cambio, soy una criatura de hábito: el hábito piensa por mí, el hábito habla por mí y el hábito actúa por mí, en mi nombre. Yo no escojo, el hábito escoge por mí. No tengo voluntad propia. Soy una máquina, un títere, dirigido por hábitos puestos en mí por otros cuando yo era niño, manejado por conocimientos y sistemas de creencias ajenos a mi. Soy un ser inconsciente, dormido interiormente e incapaz de actuar por mí mismo. Lo que es más, ni me doy cuenta de ello. De hecho, si uno sugiere esto a la gente se genera instantáneamente enojo, hostilidad y negación. No nos vemos a nosotros mismos porque no sabemos como observarnos. No puedo ver que carezco de voluntad porque para ello requeriría tener una despiadada honestidad sobre mí mismo y durante mucho tiempo no seré capaz de tener tanta honestidad. Sólo la practica de una larga, paciente, cuidadosa y honesta auto observación me dará la voluntad para tal honestidad.

Sin embargo, la situación no es irremediable, pero casi. Así como soy ahora, como somos todos en nuestro estado actual, sí tengo un tipo de voluntad, ya sea en el cuerpo o en los sentimientos, y esto es llamado en algunas tradiciones "voluntad de atención". No importa que tan dañada esté mi función de atención, aún me es posible prestar un tipo mínimo de atención a mis procesos internos de pensamiento, emoción, sensaciones corporales y movimiento.

Puedo comenzar a notar mis estados de ánimo y cómo cambian. Puedo comenzar a notar mis posturas, como me siento, como camino, mi tono de voz y mis expresiones faciales. Puedo notar mis emociones negativas. Esto me provee un comienzo de práctica *para reparar mi función de atención.* Solo a través del sostenido y honesto esfuerzo de observación, mi atención crecerá y se desarrollará. Si es verdad que "yo soy atención", entonces el desarrollo de la atención es el desarrollo del alma, y ésta es la tarea que se me encomendó al tomar un cuerpo humano. Esto es por lo que fui enviado aquí a la Tierra, para desarrollarme como alma a través del trabajo práctico en el ser.

A través de la voluntad de atención, al principio sólo puedo observar en *retrospectiva.* Es decir que puedo ver que estaba atrapado en un proceso habitual de pensamiento, emocional o físico y que estaba siendo llevado por él sin darme cuenta. Estaba identificado con el hábito y controlado por él. Seguiré en el juicio. A menudo estaré atrapado por él y también identificado con él, por lo tanto, estaré rápidamente llevado a tener más comportamientos habituales e inconscientes. Pero habrá momentos, poco o mucho después, cuando pueda observar lo que me ha sucedido: "Exploté otra vez con él cuando él ______________(llena el espacio en blanco)". Y puedo sentir dentro de mí lo que ese hábito me hace a mí y a mis relaciones. Así, la observación en retrospectiva comienza a revelar patrones de comportamiento de los que puedo volverme cada vez más consciente. Esto se llama "sufrimiento voluntario" porque nadie puede obligarme a observar mi comportamiento anterior en retrospectiva. Yo debo escoger conscientemente mirar, ver y sufrir mi propio comportamiento hacia mí mismo y los otros. Este sufrimiento es particular y es muy diferente del sufrimiento mecánico que deriva del comportamiento habitual, inconsciente y sin fin. En cambio, este es sufrimiento consciente.

Después de mucho tiempo, la atención se fortalecerá y podré tener breves momentos de claridad en el *momento de la identificación.* Esto es diferente de la observación en retrospectiva. Aunque puede que no tenga la voluntad de detener el comportamiento en ese momento, veré muy claramente que una vez más estoy atrapado en un viejo patrón habitual que ahora puedo comenzar a reconocer. Esto es la observación en el momento, y es el resultado de la observación paciente que lleva un largo periodo de tiempo, de manera que estoy llegando a Conocerme a Mí Mismo. Finalmente, después de una observación paciente y honesta mucho más prolongada, habrá momentos en los que pueda observar con *antelación.* Esto es, en el momento de identificación con un patrón habitual de comportamiento, lo reconoceré por la observación, me recordaré a mí mismo en ese momento (encontrarme a mí mismo), y seré capaz de cambiar de dirección porque sé hacia donde se dirige ese comportamiento, porque siempre es lo mismo. Este es el estado embrionario de la verdadera voluntad. Esta es la segunda etapa del *recuerdo de sí*; si la primera etapa es enfocar la atención en la sensación corporal, entonces esta etapa es regresar a la sensación corporal *mientras estoy en medio de la identificación con un estado de ánimo, emoción, movimiento o comportamiento habitual.* Esta es una maduración ulterior de la voluntad de atención, la cual ocurre conforme el alma madura y se desarrolla a través de la práctica del Trabajo de auto observación y recuerdo de sí.

Eventualmente, después de una larga práctica, la observación con *antelación* florece a su plena madurez: en esta etapa madura de auto observación, en el momento en que la energía de una impresión penetra el cuerpo, hay consciencia, una atención alerta y, antes de que el complejo intelectual-emocional pueda agarrar la energía y usarla para sus propios fines, la atención esta enfocada tranquilamente en la sensación corporal; me recuerdo a mí mismo. Por lo tanto no hay interferencia con la energía entrante de las impresiones y el cuerpo es capaz de actuar en su más alta función como un "instrumento transformador de energía". Transforma la energía más burda de las impresiones en energía más sutil, útil al Trabajo, para observar y para amar.

Así que al principio, aunque mi atención y mi voluntad estén débiles , la semilla está ya en mí, esta voluntad de atención la cual puedo usar para ayudarme a desarrollarme. Es por la gracia del Creador que una cosa así nos ha sido dada a todos. Muy pocos aprenden como usarla para desarrollarse y madurar.

The Development of Attention

We are caught by every vagrant breeze,
our lives a constant distraction from what is
right in front of us, our vision

always on tomorrow so that
we miss the glory of today.
But there are the few who understand

that the doorway to the Divine
lies in the cultivation of a present-Attention,
a facility for seeing what is

right in front of me.
Louis Agassiz, the Harvard naturalist,
was once asked what he had done

with his summer vacation.
I traveled far and wide,
he said. How far, he was asked?

I got
half way across
my back yard, he replied.

(Red Hawk, *Wreckage*, 154)

El desarrollo de la atención

Estamos atrapados por cada brisa que pasa,
nuestras vidas, una constante distracción respecto a lo que es
justo frente a nosotros, nuestra visión

siempre en el mañana de modo que
nos perdemos la gloria del hoy.
Pero existen unos pocos que comprenden

que el acceso a lo Divino
yace en cultivar la Atención al presente,
una capacidad de ver lo que es

justo frente a mí.
A Louis Agassiz, el naturista de Harvard,
una vez le preguntaron lo que había hecho

durante sus vacaciones de verano.
Viajé a lo largo y a lo ancho,
dijo él. ¿Qué tan lejos? le preguntaron.

Llegué
a la mitad
del patio de mi casa, respondió.

(Red Hawk. *Wreckage*, 154)

5

Qué observar

En lugar de utilizar la mente para analizar lo que surge... podemos simplemente observar lo que surge... porque en esa observación hay conocimiento y sabiduría...
El conocimiento yace en el fondo de nuestro ser y llegamos a él a través de la observación –observación clara, honesta e imparcial–.
(Lee Lozowick. Abundancia o miseria: Enseñanzas sobre la mente y las emociones, *104)*

El complejo intelectual-emocional me exige que me identifique con él y que luego exprese sus deseos del momento = cualquiera que sea el "yo" que surja y pida atención a gritos. Me pide que me separe, me invita e incita a separarme de la consciencia arraigada que soy y en la cual resido. Invita al sufrimiento. Y yo cumplo sus deseos con alegría y entusiasmo.

La práctica de la auto observación simplemente me pide que me encuentre a mí mismo (recuerdo de mí mismo) y luego que me ocupe del cuerpo: permanecer quieto, sin mover, y notar lo que surge momento tras momento en el instrumento biológico humano, sin interferir de ninguna manera con lo que es observado. Por supuesto, el impulso empuja a interferir. Uno desea juzgar y cambiar lo que es observado. Esto se debe a que me identifico con lo que veo y me molesta lo que veo; no estoy acostumbrado a verme honestamente, sin pretensión ni mentira, y no me gusta ver al emperador desnudo. La auto observación me desnuda de modo que me veo a mí mismo exactamente como soy, no como deseo ser, no como pretendo ser frente a los demás, no como me imagino ser, sino exactamente como soy. No es una bonita imagen. A menudo es burda, cruda, hasta cruel. Es una locura y al principio me espanta, porque en nuestra sociedad estar loco no está bien, no es aceptable, ni siquiera es legal. Tenemos lugares especiales para la gente así y yo no quiero acabar ahí. Así que invento astutas máscaras, disfraces, subterfugios, actos y juegos (por lo menos yo creo que son astutas, pero raras veces logro engañar a los demás y menos aun por mucho tiempo) –para esconder mi propia neurosis y mantenerme fuera de la cárcel o de una institución mental–. La gente no quiere conocerse a sí misma por la sencilla razón de que verse a uno mismo tal como es, a menudo es demasiado confrontante, sobrecogedor, insoportable y desgarrador.

Aquí es donde la belleza de la práctica de la auto observación se vuelve evidente: no puedo ver demasiado, demasiado pronto, solo puedo ver tanto como yo quiera ver en dado momento, antes de que mis mecanismos de defensa, creados a través de años y años de hábitos, vuelvan a esconderme de mí mismo. Entonces, una vez más, regreso a estar internamente dormido, inconsciente, a ser una criatura de hábitos. Estos hábitos no son malos ni están equivocados. Han servido para una función muy útil considerando la sociedad en la que he sido criado: me han protegido del sufrimiento (a menos, por supuesto, que eso sea lo que deseo, en cuyo caso fielmente me colocarán en el camino del sufrimiento), fuera de la cárcel y fuera de las instituciones mentales. Ellos han servido para proteger lo que es frágil, suave, tierno y vulnerable en mí. Pero llega un momento en el que tales subterfugios ya no sirven. Dañan mis relaciones y hacen que viva muy por debajo de mi potencial, enmascarando mis habilidades, minando mis fortalezas, y escondiendo mi belleza – a menudo sólo de mí, para que no pueda verla. Enfrentémoslo, en la mayoría de las sociedades la belleza es atacada tanto como la fealdad. Ambas son una amenaza al status quo.

Así que probablemente en algún momento de mi vida me haré la pregunta clave que abre la puerta a la vida espiritual: "¿La vida es solo esto?". Esta pregunta puede llevarme eventualmente ante un verdadero maestro, a una práctica espiritual, y a un profundo deseo de conocerme a mí mismo. Ya he sugerido algunas cosas iniciales muy básicas que puedo observar en mí mismo (ver capítulos 3 y 4). Además de estas, hay algunas generalizaciones fundamentales útiles para saber que observar en mí mismo. Lo que sigue es una guía básica sobre cosas que observar, sin interferir, mientras prosigo con mi vida cotidiana. Observarlas es suficiente. Ellas se regularán a sí mismas si no lucho, si no las juzgo y condeno o interfiero con ellas. Existen por una razón y esa razón es que me han servido, en algún momento de mi vida, como protección. No hay necesidad de condenarlas. Simplemente relájate y obsérvalas mientras surgen, sin tratar de "arreglarlas" o "hacer algo" con ellas. Recuerda el principio de incertidumbre de Heisenberg: El acto de observar cambia lo que es observado. Esta es una comprensión muy simple de mi situación y de la belleza de la herramienta que me ha sido dada como derecho al nacer: la habilidad de observarme. Una única herramienta basta para el trabajo; un buen mecánico aprende a dominar el uso de sus herramientas y las mantiene en buen estado, comprendiendo cual herramienta es la correcta para cada trabajo. Si uno busca el desarrollo, la maduración y la transformación de sí mismo como alma, entonces la auto observación es la herramienta adecuada, siempre lo ha sido desde que los humanos están en la Tierra.

Trata de observar lo siguiente en ti mismo:

1) Tensión innecesaria en una parte cualquiera del cuerpo: "Tensión innecesaria" = más tensión muscular que la requerida para llevar a cabo la tarea en curso (apretar la quijada mientras cargo algo, tener la cara, dientes, cuello, espalda tensos, etc.). Con la atención enfocada en el cuerpo (= "cuerpo honesto"), * esta se torna libre, no es capturada y devorada por el pensamiento y la emoción. Esto es el recuerdo de sí básico y es un acompañamiento esencial de la auto observación. Deseo recordar quién soy, quién es quién está observando, y qué es lo que se está observando. Así que la práctica de sentir el cuerpo, poniendo la atención en la sensación corporal, es tremendamente útil, provechosa y crucial para la práctica de la auto observación. Arraiga la práctica y le quita la carga a lo que es observado. De otro modo, la carga, ya sea emocional o intelectual, capturará a la atención (la cual es lo que soy - yo soy consciencia) y la consumirá cada vez. Me da una brevísima distancia objetiva respeto a lo que está siendo observado y, en este breve espacio, que se crea al colocar la atención en la sensación, yace mi liberación de la identificación.

Si no puedes sentir todo el cuerpo al mismo tiempo,

entonces comienza con sus partes. Mientras te sientas en la mañana, comienza con el brazo derecho, del hombro a la punta de los dedos, siente todo el brazo desde el interior, el movimiento sutil de la energía en el brazo, su peso y su masa, relaja el brazo; después dirige la atención a la pierna derecha, de la cadera a la punta de los dedos, relaja la pierna, después pasa a la pierna izquierda, el brazo izquierdo, el torso, pecho, espina y espalda, el cuello, la cara, el cráneo, respirando en cada parte, relajando conforme avanzas; comienza de nuevo. Una vez que el cuerpo esté relajado, observa lo siguiente:

2) Pensamiento innecesario: "Pensamiento innecesario" = todo pensamiento que no esté resolviendo un problema técnico o comunicando algo a los demás, que no esté relacionado con lo que está sucediendo en el momento: cuando camino, sólo está el caminar, no se requiere pensar; cuando me ejercito, sólo hay movimiento del cuerpo, no se requiere pensar; cuando como, sólo como; cuando me paro, sólo me paro: nada más. – El pensamiento innecesario puede ser un detonador, un "factor de recuerdo" interno para ayudarme a reenfocar la atención en mantener el cuerpo relajado. De esta manera, el pensamiento no atrapa a la atención y se la lleva, capturándola y consumiéndola. Así como soy, me quedo fácilmente fascinado por el pensamiento, cautivado por él, y casi totalmente dependiente de él para manejar mi vida. Este es el resultado de una mala educación, desde el nacimiento. El pensamiento tiene su función y es una herramienta muy útil. Puede ser un sirviente maravilloso y obediente, pero también un amo cruel, despiadado e ineficiente. No está creado para ser el amo, y sin embargo, nuestro sistema educativo lo entrena exactamente para eso. Él no es capaz de hacer lo que le pedimos, así que se "colapsa" constantemente y de una forma incompetente e ineficiente maneja mi vida.

3) Emoción inadecuada: "Emoción inadecuada" = cualquier emoción que es mayor de lo que requiere la situación presente, una reacción extrema, dramática, no relacionada con el momento presente (como en fantasías, ensoñaciones), una reacción no adecuada al momento presente. La emoción inadecuada puede simplemente ser un detonante, un "recordatorio" para ayudarme a reenfocar la atención en mantener el cuerpo relajado, de manera que la emoción no atrape a la atención y se la lleve, capturándola y consumiéndola.

4) Hábito: Este es más difícil de ver, pero a través de una larga observación paciente, sin interferencia, los patrones comenzarán a emerger. Si viajo por el mismo camino emocional y neuronal 10,000 veces o más, entonces hasta un idiota como yo comenzará a notar que ya he pasado por aquí, *¡y logrando siempre el mismo resultado*! Esto se debe a que el hábito se repite, y por lo tanto es predecible. Una definición muy clara y útil de la locura es: repetir la misma acción y esperar obtener un resultado diferente. Y, sin embargo, esto es lo que hace una persona normal durante toda su vida, repite los mismos hábitos intelectuales, emocionales y físicos una y otra vez, esperando obtener un resultado diferente. El ver los patrones de mi vida interior, notar como se repiten las cosas, sentir el aburrimiento y monotonía de una vida de segunda, hará surgir en mí un anhelo por lo que es real y verdadero. Este anhelo viene del ser. El ser comienza a moverse y despertarse un poquito.

Lo que busco como alma es la verdad. La verdad no es el parloteo de la mente, el cual es continuo en mí, casi incesante, neurótico y basado en el miedo. La mente ha sido programada para comentar todo, criticar, condenar y juzgar cada acción, persona, evento y circunstancia de mi vida. El resultado es una vida vivida en la negatividad y el miedo. Todo lo arriba mencionado está basado en el miedo. Hemos sido criados y educados como mecanismos basados en el miedo dentro de una cultura también basada en el miedo. Vivimos en la Era del Terror y este miedo nos ha vuelto profundamente paranoicos, tenemos miedo a la vida, miedo a los otros, miedo al amor. Una vez despierto de este sueño basado en el miedo, encuentro la vida, que siempre y solo es amor. El miedo bloquea el amor. El miedo es la parte obscura del amor, y como toda sombra, no tiene cualidades propias. No puedo medir la oscuridad, ni siquiera definirla, excepto por lo que no es: la ausencia de luz. Del mismo modo, el miedo es la ausencia del amor. La ecuación metafísica es legítima: a mayor miedo, menor amor; a mayor amor, menor miedo. El amor incondicional, que es la naturaleza esencial del alma, es la total ausencia de miedo.

La verdad es la experiencia directa de la vida como amor. Este entendimiento se obtiene a través de la observación no enjuiciadora de lo que es, exactamente como es, sin comentarios de la mente (pensamiento innecesario) o miedo (emoción inadecuada) o tensión (tensión innecesaria) o referencia al pasado o al futuro (hábito), simplemente una ecuanimidad relajada, simple, silenciosa, una aceptación de lo que es, tal cual es. Ninguna interferencia. Ningún juicio. Ningún conflicto. Ninguna culpa.

La atención libre es atención iluminada.

La iluminación significa:

a) atención libre (no identificada con pensamientos innecesarios o emociones inadecuadas)

b) cuerpo relajado (sin tensión innecesaria, sin importar las circunstancias o actividades)

Este es el estado de "no contaminación" o no-identificación. Esto es lo que le ocurrió a Buda. Durante años y años él intentó un gran número de prácticas, disciplinas, austeridades, yogas, tuvo varios guías, maestros, todo lo que se les ocurra. Un día cayó exhausto y sin esperanzas bajo un árbol bodhi; nada había cambiado en él después de años de austeridad y privaciones.

Se rindió completamente. Por primera vez su cuerpo se relajó totalmente. Él era "sólo eso-tal cual es", sólo él mismo, nada más. En ese momento Gautama Siddhartha se convirtió en el Buda, maestro iluminado en su ámbito de influencia (su cuerpo). Su atención no fue capturada por nada: ni pensamiento, ni emoción, sólo esto.

These Thoughts That Are Running Through Our Heads

They always change, are not trustworthy, yet
we stake our lives on them, the heart's death-knell;
we take them as our selves and we forget
just who we are; blindly we obey though
they take us down the alleyways of hell.
Into terrible suffering we go,

Until one day we see the dreadful wrong
that they do in our name. We see that these
sirens we're in love with sing our death song.
They are never what they appear to be:
they are like a woman you love to please,
Until one dark day you find out that she

Has slept with evil men and is their whore,
And then you do not want her anymore.

(Red Hawk, *Wreckage*, 175)

Estos pensamientos que corren por nuestras cabezas

Siempre son cambiantes, no confiables, y sin embargo
apostamos nuestras vidas en ellos, sentencia de muerte para
el corazón;
los tomamos por nosotros mismos y olvidamos
quienes somos; ciegamente obedecemos aunque
nos lleven por el callejón del infierno.
Hacia terribles sufrimientos andamos,

hasta que un día vemos el mal terrible
que cometen en nombre nuestro. Vemos que estas
sirenas con las que estamos enamorados cantan nuestro
canto fúnebre.
Nunca son lo que aparentan ser:
son como una mujer a la que amas complacer,
hasta que un oscuro día descubres que

se ha acostado con hombres malvados y es su puta,
y entonces ya no la quieres más.

(Red Hawk. *Wreckage*, 175)

6

El hemisferio izquierdo es una computadora binaria El centro intelectual

Somos lo que pensamos.
Todo lo que somos surge con nuestros pensamientos.
Con nuestros pensamientos hacemos el mundo.
(Buda. Dhammapada, *3)*

El centro intelectual, el hemisferio izquierdo del cerebro, siempre es el último en saber. Es el centro más lento de todos por que su función en el instrumento biológico humano no requiere de la velocidad necesaria para sobrevivir como el centro motriz o instintivo. Su función es servir, recordar, observar, resolver problemas técnicos en el presente y comunicarse con los otros. Este es su lugar en el esquema de las funciones del cuerpo. Sin embargo, debido a la cultura en la que hemos nacido, la cual no es una cultura de sabiduría sino una cultura de poder y dinero, una cultura materialista, el intelecto ha sido colocado en el pedestal más alto y adorado porque puede darme dinero y poder, las dos cosas más valoradas en mi sociedad. Todo nuestro sistema educativo está construido alrededor de la adoración del intelecto como si fuera el rey; educamos el centro intelectual e ignoramos todas las otras funciones del cuerpo. Ni siquiera reconocemos la inspiración y la intuición como reales o con algún valor en el proceso educativo. Esto se debe a que no provienen del centro intelectual, sino que se reciben de los centros superiores, del Creador. Recuérdate a ti mismo cansado Viajero.

En nuestra cultura, la parte del neo-córtex que es entrenada y programada por el sistema educativo, es la función de la memoria, la cual ocupa aproximadamente el 10% del neo-córtex. Esta es la función más lenta del neo-córtex ya que requiere de la búsqueda y recuperación de información almacenada del pasado. Este proceso de búsqueda y recuperación es lineal, paso-a-paso, y es lo que llamamos pensar. Esto es diferente de la inspiración, la cual me da el cuadro completo de una vez, lo ve en su totalidad, no en partes, o como dicen los Evangelios, "Porque ahora vemos por un espejo, veladamente, pero entonces *veremos* cara a cara". Algunas tradiciones llaman a esta función de la memoria "aparato formativo".

Está programado por nuestra cultura para ser binario. Es decir, descompone todas las impresiones recibidas en dos partes: me gusta-no me gusta//negro-blanco//bueno-malo//yo-no yo, así. Es una bodega para almacenar datos, o dicho más simplemente, almacena el pasado. Y esta bodega tiene dos grandes almacenes: Me Gusta y No Me Gusta. De este modo, cada persona, evento, objeto o experiencia que yo haya tenido es inmediatamente dividida en dos mitades opuestas por el centro intelectual. Es fragmentada, ya no es un todo. Lo mismo le sucede al "yo" – esta colección de máscaras, juegos, mentiras, tics nerviosos, neurosis, hábitos – que fue creado por el intelecto durante la primera infancia para protegerme de la locura del mundo tal como lo conocemos: divide al yo en bueno-malo o me gusta-no me gusta. Etiqueta como "bueno" lo que ha visto que tiene una utilidad para sobrevivir y lo que no sirve o no encaja en esta categoría lo etiqueta como "malo". No importa si es destructivo, dañino, cruel o loco; siempre y cuando alguna vez haya sido de valor para sobrevivir, el intelecto lo etiqueta "bueno" y continúa promulgándolo como un hábito. Y al resto del yo lo juzga, lucha en su contra, lo trata de "arreglar" y de deshacerse de él. Una parte del yo juzga y lucha contra la otra parte: un yo-dividido. Hay dos definiciones clásicas de la locura: una es repetir el mismo comportamiento y esperar un resultado diferente; la otra es un yo dividido. El centro intelectual es programado desde el nacimiento o incluso antes, para ser una computadora binaria, no una unidad o totalidad. Está programado para la locura. Muchos van por la vida sin ser nunca conscientes de la manera en que el pensamiento domina toda su vida. Consideran como normal y natural el constante parloteo obsesivo del cerebro, el ruido interminable dentro de su cabeza. Estamos programados de tal manera por nuestra cultura y su educación, que estamos convencidos que el pensamiento debe ser el amo de la casa.

Y debido al gran énfasis y valor dado al "pensamiento" en nuestra cultura, al centro intelectual se le pide llevar a cabo una tarea para la cual es biológica y funcionalmente incapaz: manejar la vida y estar a cargo del instrumento biológico humano. El hecho es que el pensamiento está destinado a ser un sirviente leal y fiel, no el amo. El colocar al pensamiento en la posición del amo es infundirle una carga que 1) no puede llevar; y 2) nunca estuvo destinado a cargar. El resultado es que el mecanismo del pensamiento, el centro intelectual, se avería. Se vuelve loco y se programa para la locura. Por lo tanto, está constantemente "encendido", rara vez se detiene, parlotea día y noche, aún mientras dormimos. Y tarde o temprano, vemos esta situación no solo como "normal" sino como necesaria a nuestra propria supervivencia.

El pensamiento gasta mucho tiempo y energía para convencernos que es completamente necesario. El hecho es que la memoria sólo tiene una habilidad y un interés: lo que llamamos pensar. Es lo único que puede hacer, y puesto que se le pide ser el amo de la vida y del cuerpo, está aterrorizado pues no puede cargar ese peso. Por lo tanto, todos sus programas y funciones se basan en el miedo. *La mayoría de lo que almacena la memoria tiene al miedo como un componente básico*. Así, vivimos nuestras vidas con miedo y esto se refleja en la cultura que esta mente ha creado: vivimos en la era del terror.

El principal terror de la mente es que existen cosas sobre las que no sabe como pensar. El pensamiento equipara la ausencia, la ausencia de pensamiento, con pérdida de control y para el pensamiento, la pérdida de control = muerte. El pensamiento equipara al pensar con supervivencia, así fue programado – después de todo, es una computadora binaria y solo puede pensar de acuerdo a su programa. Así está aterrada de perder el control = no pensar. Todo el propósito del centro intelectual es el control. Y se obsesiona con el control porque ve que mi vida está *fuera de control* y no puede hacer lo que se le pide. Los científicos que estudian el cerebro estiman que recibe alrededor de 2,000,000 de bits-de-información-de-la-realidad/segundo. La mente pensante – la memoria - puede procesar como 2,000 bits/segundo, o aproximadamente el .01 porciento de lo que está presente en cualquier instante. Así pues, ¿con qué base decide cual .01 porciento notará y procesará? Sencillo. Reconoce y procesa sólo la información que valida sus hábitos y creencias. Y como es un mecanismo basado en el miedo, naturalmente reconoce y procesa la información que es atemorizante, *aunque no haya razón para temerle.*

El resultado es que en cada situación y relación, el pensamiento siempre está pensando, juzgando, intrigando, planeando y manipulando para controlar. El pensamiento no puede amar. Solo puede pensar. Pensar no es amar; pensar en una persona que amo no es lo mismo que amar a esa persona. Los pensamientos no son acciones. El amor no es parte del terreno del pensamiento. El amor viene de fuera de nosotros, es sagrado, viene de lo Alto. El amor es Dios. Por lo tanto, el centro intelectual no puede controlar al amor. Así pues, lo teme. Teme lo que no puede conocer y controlar. No puede conocer y controlar a Dios, quien se manifiesta como amor en esta realidad. La mente teme al amor.

Así, en el momento en que el amor entra en el cuerpo como energía de lo Alto, la memoria lo divide en dos partes, lo fragmenta. Está programada para ser binaria, para trabajar por asociación: comparación y contraste, como en: esto *es como* esas otras cosas que he conocido (pasado) y almacenado, o esto *no es como* las cosas que he conocido (pasado) y almacenado. Y como está basada en el miedo, inmediatamente, o muy rápidamente, comienza a dar énfasis en lo que no le gusta; comienza a hacer una lista. Y tarde o temprano, comienza a llamar a las cuentas vencidas de esta lista. ¿El resultado? No hay relación. El amor muere. El amor es una unidad; en el momento en que es dividido, ya no es amor.

Al pensador (la memoria) le gusta aprender lo que le gusta. No quiere aprender lo que no le gusta. Esto se debe a que el pensador, que es la memoria, está programado para ser binario. Nace y su estado innato es unitario: todo en la vida es un campo unificado y ese campo es el amor. Por lo tanto, no hay necesidad de categorizar, nombrar, enlistar, ordenar, examinar, juzgar o etiquetar. Pero es una computadora electro-química y ha sido programada para ser binaria. Es una máquina de "me gusta-no me gusta". Se resiste a aprender lo que no le gusta. Esto incluye al amor.

Muy rápidamente verás que mucha de la información que es recolectada a través de la auto observación honesta, no le gusta. Por lo tanto se resiste a esa información, y tiene cien buenas razones, excusas, justificaciones y culpables para no creer en ella, no recordarla, no actuar acorde. Lo que es más, la información obtenida de este libro no la va a querer tener, porque mucho de ella expone al Hechicero jalando los hilos y echando a andar la máquina de humo atrás del telón; es decir, expone al mecanismo interior del centro intelectual.

El pensamiento gana su dominio y control a través de un mecanismo simple: *no siendo observado*. Por favor observa la belleza de esta comprensión y como puede ayudarte; trata de intuir lo que significa sin pensar en ello. En otras palabras, el piloto automático, el comportamiento mecánico, el comportamiento habitual repetitivo es lo que el pensamiento demanda. ¿Porqué? Porque el centro intelectual no tiene que pensar en él. Está irremediablemente sobresaturado al ser requerido como el amo del territorio. No puede responder a la demanda. Por lo tanto, quiere que todo sea predecible, controlado, y repetitivo. Para controlar, requiere que no pongamos atención a nuestras vidas. Requiere que actuemos a partir de sistemas de creencias viejos, almacenados y prestados que fueron programados en nosotros por otros, creencias que nunca ha tenido que examinar o reflexionar en absoluto; todo ese trabajo fue hecho por otros. El tener que hacer este trabajo por sí mismo sería atemorizante, nos podría separar de la manada que puso esas creencias en nosotros y requeriría ir hacia territorio desconocido, lo cual lo atemoriza.

Para el pensamiento, lo más pavoroso es lo desconocido. Como es desconocido, verdaderamente desconocido, el pensamiento no puede pensar en ello. Solo puede pensar en lo que conoce, y lo que conoce es solo lo que ha sucedido = el pasado. El pensamiento como lo conocemos, no la inspiración, sólo puede operar en el pasado, o proyectando lo que conoce del pasado e imaginando que sucede en el futuro. Así, la computadora binaria electro-química es una máquina de "pasado-futuro". Es una máquina de "me gusta-no me gusta", "pasado-futuro": binaria.

Recuerda que la computadora es muy selectiva. Si recibimos más de 2,000,000 de bits de información por segundo, la computadora puede manejar sólo como 2,000 bits más o menos. Por lo tanto debe rechazar aproximadamente 1,998,000 bits de realidad cada segundo. ¿Con que base decide retener esos 2,000 bits que asimila?

Sencillo. Selecciona sólo esos bits *que verifican y validan sus percepciones programadas del mundo.* Y esas percepciones están en forma de sistemas de creencias. Si cree que el mundo es un lugar frío, hostil y temeroso, entonces acepta y asimila solo la información que comprueba esta creencia. Todo lo demás lo rechaza o lo modifica – lo inventa – para que se adecue. Si cree, por ejemplo, no sirvo para nada (que es la creencia que gobierna a mi computadora) o soy estúpido o feo, o Iraq es malvado, entonces recibe y asimila solo esos bits que me validan y verifican esta visión de mí o del mundo.

La memoria es floja; no quiere llevar a cabo la imposible tarea que le fue asignada por nuestra ignorante educación. Así que todo lo da por hecho y es muy selectiva.

De otro modo tendría que pensar en todo. De este modo, puede andar en piloto automático y gastar la mayoría de su tiempo en hacer lo que más le gusta hacer: *fantasear*. El hemisferio izquierdo del cerebro pasa la mayor parte del tiempo en la fantasía, soñando. Y responde *como si fuera verdad* a los sueños que crea. No diferencia entre sus fantasías y la realidad. Para la unidad de memoria A=A=A y no hay B. Para ella, sus fantasías son tan reales como cualquier fenómeno externo. Y como un robot programado, respondo a ellas, actúo sobre ellas, creo en ellas, *como si fueran reales.* Si solo está programada para enfatizar lo que es bueno, se etiqueta como optimista; si está programada para enfatizar solo lo que es malo, se etiqueta a sí misma como realista. Optimista-pesimista = binario; entre estos dos extremos la auto observación crea una tercera fuerza, una fuerza equilibradora o "reconciliadora", un "Camino del Medio" como lo llama Buda.

Words Are Not Actions

I have known some,
especially in the university,
who thought that if they gave a fine talk
or wrote a long article for the journals,
this made them men of action.

The Indians knew better.
Before a warrior went into battle
he would not speak.
He went into the sweat lodge with others;
they drummed and sang and prayed.
Then for 3 days he went into solitude,
preparing his heart for his death.
When he came out, ready to ride,
his woman handed him axe and bow.
No word was spoken.

Some came back dead or badly wounded.
There was a big fire; all gathered
to hear the tales of battle.
The warriors laughed and laughed,
made jokes about each other,
told true stories that were so and not so.
They knew the wounds would heal,
knew the dead would be fed to the birds.

The Indians had a saying:
words fall down on the ground
like shit from the dogs;
deeds rise up in the sky
like the spirit leaving the body.

(Red Hawk. *Sioux Dog Dance*, 37)

Las palabras no son acciones

He conocido a gente,
en particular en la universidad,
que pensaba que dar una buena conferencia
o escribir un largo artículo en las revistas,
los hacía hombres de acción.

Los Indios sabían más.
Antes de partir a la guerra un guerrero
no hablaba.
Se iba a la cabaña de sudar con los demás;
tamborileaban y cantaban y oraban.
Luego durante 3 días permanecía en soledad,
preparando su corazón para su muerte.
Cuando salía, listo para cabalgar,
su mujer le entregaba hacha y arco.
Ni una palabra se oía.

Algunos volvían muertos o malheridos.
Había un gran fuego; todos se reunían
para escuchar los relatos de la batalla.
Los guerreros reían y reían,
bromeaban los unos de los otros,
contaban historias verdaderas que lo eran y no lo eran.
Sabían que las heridas sanarían,
sabían que los muertos alimentarían a las aves.

Los Indios tenían un dicho:
las palabras caen al suelo
como la mierda de los perros;
los hechos se elevan al cielo
como el espíritu que deja el cuerpo.

(Red Hawk. *Sioux Dog* Dance, 37)

7

El punto ciego
El ciclo de captura y consumo

Todo fenómeno surge de un campo energético: cada pensamiento, sentimiento, movimiento del cuerpo es la manifestación de una energía específica y en el ser humano, desequilibrado, es un constante surgir de energías, las unas sustituyendo a las otras. Este interminable vaivén entre la mente, los sentimientos y el cuerpo produce una serie fluctuante de impulsos, cada uno de los cuales se define engañosamente como "yo": dado que sin parar un deseo reemplaza a otro, no puede haber continuidad en la intención, ni deseo verdadero, solo un patrón caótico de contradicciones en el que todos vivimos, dentro del cual el ego tiene la ilusión de tener fuerza de voluntad e independencia. Gurdjieff llamaba esto "el terror de la situación".

(Peter Brook, The Secret Dimension, *30)*

Todo se alimenta y a su vez sirve de alimento, esta es la ley. Funciona a todos los niveles, desde una galaxia hasta una partícula atómica, desde Dios hasta la creación, desde la Tierra hasta el hombre. Existe otra ley relacionada con esta: lo que recibe alimento se fortalece; lo que no recibe alimento muere. Como es arriba así es abajo y lo que es verdadero en la física lo es también en la metafísica. Conforme a esta ley, nuestra psique está construida alrededor de un elemento clave o fijación neurótica, llamada, según las diferentes tradiciones, "contaminación", "bloqueo", "rasgo principal", "defecto principal", "falla principal", "mezquino tirano" o "punto ciego". Las diferentes tradiciones del Trabajo tienen diferentes nombres para el núcleo principal, sobresaliente o central del *ego*, su neurosis fundamental o sistema de creencias. Pero es alrededor de esta falla que se construye mi psicología y, escondida, gobierna mi mundo interior. Además –y esta es la clave– ¡soy adicto a mi falla! Creo en ella y le entrego mi vida. Es ella quien controla al complejo intelectual-emocional. Es ella quien captura y consume la atención. Es ella quien debe ser constantemente alimentada. Me gusta la expresión "mezquino tirano" porque eso es exactamente lo que es y cómo se comporta. Es el término usado frecuentemente en las tradiciones chamánicas. Pero para nuestros propósitos prefiero llamarlo "el punto ciego" porque describe de manera simple y precisa su acción sobre mi consciencia: se alimenta de la energía disponible en mi interior pero está hecha de tal forma que queda totalmente invisible en mi vida cotidiana. En los Evangelios, Jesús dice, "Es más fácil ver la paja [una brizna de polvo, rh[2]] en el ojo ajeno que una viga [un tronco que sostiene el techo, rh] en el propio." Esta es la ley. Estamos construidos de tal forma que no podemos ver nuestra propia falla, pero sí vemos fácilmente aquella del vecino. La Tierra es una escuela para almas defectuosas. Cada quien tiene una falla que sirve de alimento para el alma en desarrollo. Así que cada uno de nosotros tiene un punto ciego que dirige nuestra vida y controla nuestras relaciones. Los demás lo pueden ver, nosotros no. Un hombre sabio

2. Rh: iniciales de Red Hawk [N. del T.].

sabe que si alguien me dice cuál es mi punto ciego, lo negaré y me enojará que el haya podido pensar eso de mí. Solo a través de una larga, paciente, honesta auto observación sin juicio, una persona puede adquirir la claridad, honestidad y fortaleza necesarias para ver su propio punto ciego.

El punto ciego roba la energía de la atención para alimentarse. No reside en un único centro interno. Utiliza de forma simbiótica los centros intelectual y emocional y crea con ellos un complejo interactivo llamado del complejo intelectual-emocional (algunas tradiciones lo llaman "*el laberinto*"*). En ocasiones se manifiesta como un patrón de pensamientos, en otras como un patrón emocional o hábito y, a menudo, el pensamiento dispara la emoción. De esta manera, forman un conjunto. En mí, el punto ciego es el odio a mi mismo y está muy bien custodiado y escondido en las mentiras, el miedo al rechazo, el pánico, el miedo a las relaciones, el miedo a la intimidad, la paranoia, el engaño, el enojo y el comportamiento auto destructivo. Así, durante muchos años parecía como si el hábito de mentir, el miedo al rechazo, luego otros hábitos, fueran el punto ciego. Permanecía oculto a mis ojos, pero conforme avanzaba tras capa y capa, siempre detrás de una aparecía otra. Y en el núcleo estaba el odio a mí mismo. Para otras personas puede ser ambición, celos, mentiras, impaciencia, histeria, alegría, lujuria, envidia, chismes, culpa, vanidad, orgullo o muchas otras cosas. Para mí, "no valgo nada" es la forma en que mi punto ciego se manifiesta.

El punto ciego se alimenta y así se fortalece. Actúa en un ciclo de alimentación, es decir, tiene dos mitades que forman una única unidad simbiótica; las dos mitades siempre trabajan juntas y una sigue a la otra como la sombra sigue al cuerpo. Cada mitad sirve una función crucial en el ciclo de alimentación, así que si la auto observación solo logra ver a una mitad del ciclo, entonces es una observación incompleta y el ciclo ha logrado su propósito. El ciclo tiene un único propósito: capturar y consumir la atención. Se alimenta de atención (que es todo lo que somos; somos atención = consciencia). Entonces, la contaminación me come. Por ley, solo hay dos posibilidades aquí: o el punto ciego consume la atención, se alimenta de ella, o la atención consume al punto ciego, se alimenta de él: así es como se desarrolla el alma. Parafraseando la primera ley de la materia de Newton: la energía no se crea ni se destruye, solo se *transfiere*. Sustituí la palabra "transforma" por "transfiere" y es en la palabra "transfiere" en la que quiero poner el énfasis. A lo largo del universo hay una constante transferencia de energía, del Sol a la Tierra, de la Tierra al hombre y así sucesivamente. Esto también es verdad en nuestro interior. Y de acuerdo a la ley, hay una transferencia de energía con el punto ciego; este puede servir de fuente de alimento, de hecho fue *creado* para servir de fuente de alimento para el desarrollo del alma, por lo tanto tiene un valor real. Entonces, manejado en la forma correcta, sin juicio o interferencia de ningún tipo, el punto ciego alimenta a la atención, su energía es transferida a la atención. Manejado de otra forma, identificándose con el y juzgando lo que se observa, el punto ciego recibe la energía de la atención. Uno crece mientras el otro se debilita. Esta es la ley.

He aquí como funciona el ciclo de alimentación:

1) **Captura**: Primero está la acción –cualquier acción sirve, siempre y cuando sea habitual, por lo tanto muy conocida y reconocible; pueden ser celos, o envidia, o luju-

ria, o avidez, o una rebanada de pastel adicional, u odio, o discutir, o interferir, o cualquier acción habitual, mecánica, en piloto automático. La ventaja que tengo sobre el punto ciego es que estas acciones son totalmente predecibles y, una vez que las haya visto 10,000 veces (o más –soy de lento aprendizaje–), puedo reconocerlas en cuanto aparecen y se exactamente a donde me llevan –cada vez. Por lo tanto, *puedo estar listo para ella antes de que surja* manteniendo la atención enfocada en el cuerpo y permaneciendo presente en un cuerpo relajado, sin importar lo que esté haciendo o lo que esté sucediendo alrededor de mí: me encuentro a mí mismo, manejo al cuerpo.

Cuerpo relajado = cuerpo honesto. La atención *no puede ser capturada* si está en el lugar correcto = enfocada en la sensación corporal y relajando el cuerpo, sin importar la acción que tiene lugar (celos, envidia, ambición, lujuria, tristeza, una segunda rebanada de pastel, etc.).

Pero el ego, que está construido alrededor del punto ciego, sabe lo que atrapa y captura la atención porque ha visto ya unas 10,000 veces lo que le interesa y fascina, es puramente mecánico, repetitivo, habitual –es el cuerpo de hábitos– y la única función de la primera mitad del ciclo es *capturar la atención.*

2) **Consumo**: La segunda mitad del ciclo de alimentación sigue en automático a la primera mitad, de una forma habitual, por lo tanto, predecible: es *el juicio de la acción* (o sea la identificación). Yo soy celoso, envidioso, lujurioso, enojón, lleno de odio, como demasiado, digo cosas negativas, chismoseo, etc. Inmediatamente después sigue el juicio de la acción = segunda mitad del ciclo. Primero la acción, luego la reacción –esta es ley (tercera ley del movimiento

de Newton: a toda acción corresponde una reacción igual y contraria). Cuando trato de cambiar la acción que observo en mí, sólo he realizado la mitad de la observación; no he observado completamente el proceso que estoy tratando de cambiar. Solo he visto la mitad de ese proceso y, basándome en una información u observación incompleta, estoy tomando una decisión que me pone en peligro y pone en riesgo a mi Trabajo, porque no sé lo que es bueno para mí y ni comprendo el delicado balance en el que se encuentran las cosas en mi cuerpo. Si cambio una cosa, todo cambia y puedo encontrarme en una condición peor de la que me encontraba al comenzar.

Lo que aún no he visto es que lo que deseo cambiar, el comportamiento o más precisamente el *hábito* que deseo cambiar, no existe en cuanto proceso independiente, sino que es *parte de un ciclo más grande y más completo* –es decir que existe al interior de un ciclo de comportamiento del cual es sólo una parte–. Un ciclo es un círculo. El observar solamente el comportamiento habitual implica observar solo la mitad del círculo, 180 grados, no los 360 grados completos. La razón por la cual deseo cambiar el hábito es porque he juzgado el hábito que he observado (me he identificado con él). Simple, obvio. Yo no quiero cambiar algo a menos que lo haya juzgado como malo, malvado, algo así. Esta es la parte interesante: *el juicio del hábito es el hábito*. El hábito saca su poder y fuerza de ser juzgado como malo, no bueno. El juicio del hábito es la otra mitad del hábito. El hábito no es tomar, comer azúcar, dedicarse a la pornografía o a chismorrear –o lo que sea que se haya observado–, el hábito *es tomar (en este caso) y juzgarme por estar tomando* = ciclo completo, círculo completo, 360 grados. Este ciclo completo mantiene al ser en su lugar, en línea: el odio a mí mismo, en mi caso. Esta es la fuerza subyacente detrás de juzgar lo que observo. El ego depende de que yo no esté bien, que tenga problemas, que esté en apuros para salvarme, reparar el daño. El ego = problema-y-solución-al-problema. Si no hubiera problemas, no habría que solucionar, no habría ego. Sencillo.

El juicio (segunda mitad del ciclo) solo tiene una función que consiste en consumir la atención. La contaminación, el punto ciego, *se alimenta de la atención y la consume.* Por lo tanto y de acuerdo a la ley, se fortalece: lo que se alimenta se fortalece, esta es la ley.

Por otro lado, la atención crece y se fortalece al alimentarse del ego = ciclo alimenticio: la primera mitad (la acción) no captura la atención, si la atención permanece en casa = la atención *no deja de sentir y relajar al cuerpo* sin importar lo atractiva que sea la imagen que aparece frente a ella; la segunda mitad = la reacción (el juicio) no consume la atención si la atención permanece estable, constante, enfocada en el cuerpo y manteniendo al cuerpo relajado. No es tomada por la acción o la reacción. Entonces, el ciclo alimenticio alimenta la atención y mi atención interior (que es el alma) se fortalece, siendo capaz de enfocarse por periodos de tiempo cada vez más largos sin ser atrapada.

De este modo, el primer principio de la auto observación es: sin juicio. Esto no significa que el juicio acaba. Significa que yo dejo de identificarme con él y por lo tanto me alimento de él en lugar de que él se alimente de mí. La atención interior solo puede fortalecerse si es adecuadamente alimentada todos los días; de ahí la importancia de la meditación –esta me da una media hora ininterrumpida, sin distracción, para practicar el mantener la atención en el cuerpo y controlarla. Cada vez que es capturada y a penas "me recuerdo de mi mismo" = me vuelvo consciente y me doy cuenta de que he sido atrapado, entonces "comienzo de nuevo". Aquí todos somos principiantes. Yo soy principiante. Una y otra vez durante el día, vuelvo a comenzar. Despacio, poco a poco, "me recuerdo de mi mismo" (=encuentro el cuerpo, regreso la atención a las sensaciones corporales y relajo el cuerpo) antes de que me capture y me consuma otra vez el complejo intelectual-emocional.

Todo pensamiento innecesario, emoción inapropiada y tensión inútil está actuando al servicio de mi punto ciego, e inevitablemente y predeciblemente me llevará a este punto ciego que devorará la atención una vez que la haya capturada. Por lo tanto: observo los pensamientos innecesarios, las emociones inapropiadas y la tensión inútil que se genera en el cuerpo. Relajo el cuerpo = cuerpo honesto. No juzgo, condeno o critico, solo observo. O me como al oso, o el oso me come a mí.

El único propósito del punto ciego es alimentarse y lo hace al recrear aquellos patrones que mejor lo nutren = hábito (intelectual, emocional y físico). Y estos patrones *siempre* están acompañados de tensión innecesaria en el cuerpo. Qué pasaría si, cuando dichos patrones aparecen por alguna razón, mi respuesta fuera colocar inmediatamente mi atención en el cuerpo, mantenerla ahí, respirar hasta el ombligo y mantener el cuerpo relajado? Descúbrelo tu mismo, no porque lo sugiera un así llamado experto, aun si este llamado experto tiene diplomas y certificados en la pared y títulos anteponiendo su nombre. *Verifícalo* por ti mismo o continua siendo esclavo del conocimiento prestado, de las opiniones de otras personas y de tu punto ciego.

El esfuerzo por cambiar lo que es observado es energía desperdiciada –esto nunca cambia. Es habitual, mecánico y responde al esfuerzo por cambiarlo con redoblados esfuerzos para capturar y consumir. En cambio, lo que puede ser cambiado, lentamente y pacientemente aumentando la comprensión a través de la observación, *es mi relación con lo que es observado* –esto es, yo no me identifico más tan fácilmente con los dramas y las imágenes guardadas en el "laberinto" por lo tanto mi relación se vuelve 1) desinteresada; 2) objetiva; 3) no-identificada. El esfuerzo por cambiar lo que es observado es el resultado del juicio. Punto. Por lo tanto la segunda mitad del ciclo de "captura y consumo" me ha atrapado a través del juicio de lo que es observado. Es este juicio lo que me gana cada vez y, en mi caso, mantiene a mi punto ciego (odio hacia mí mismo) intacto y bien alimentado.

El juicio está inevitablemente acompañado por emociones inapropiadas –por lo tanto la emoción inapropiada es una indicación segura de que el laberinto está echando sus redes–. Es un mecanismo instantáneo de retroalimentación. Por lo tanto, la regla básica de la auto observación es observar las emociones innecesarias. Además el juicio está inevitablemente acompañado de pensamientos innecesarios. Por lo tanto el pensamiento innecesario es una indicación segura de que el laberinto está echando sus redes. Así que la regla básica de la auto observación consiste en observar el pensamiento innecesario. Finalmente el juicio se acompaña con una tensión innecesaria en el cuerpo. Así que la regla básica de la auto observación consiste en observar las tensiones inútiles en el cuerpo y relajarlas. Estos son mecanismos instantáneos de retroalimentación para ayudar al alma a desarrollarse, crecer y madurar. No son fallas, son dones que me ayudan a despertarme. Son alimento para el alma.

Ningún esfuerzo vuelto a volvernos más consciente, sin importar cuan pequeño sea, se desperdicia. Esta es una ley del Trabajo. Cada vez que observo, algo consciente (atención) en mí recibe alimento, por consiguiente crece, homeopáticamente, un grano de observación a la vez. Nada que sea consciente se desperdicia jamás. Esta es la ley. A mí no me interesa lo "grandioso". Me interesa el esfuerzo constante, paciente, cuidadoso, conforme-a-la-ley para "conocerme a mí mismo". Esta es nuestra esperanza para la libertad. La esperanza puesta en la mente es dolor y sufrimiento. La esperanza puesta en las emociones es tristeza y sufrimiento. La esperanza puesta en la auto observación es fuerza y sabiduría. Ella produce más consciencia porque alimenta la atención. Así, maduro.

You Know What You Are Buddy

As I am pulling into the gas station
a woman roars out from behind a pump
and cuts right in front of me.
I slam on the brakes, lay on my horn

and she stops just long enough to
lean out her window and scream at me,
You know what you are, buddy!
Yeah. I do.

I am a sorry little loser who
doesn't know his ass from a gas pump;
I am an arrogant educated screed who
will show you everything I know for a dollar;

I am a scared tense lonely humbug
willing to sell myself to the first woman
who shows me a grain of kindness;
I am a dazed and hopeless idiot

wondering how I got here and what
I am going to do next; I am a third-rate poet,
a broken and ruined lover of God,
a spiritual derelict hooked on Dharma,

a bum for truth, a pimp
for the teachings of Masters, but
what I want to know is,
how could she tell?

(Red Hawk. *The Way of Power*, 17)

Sabes lo que eres cuate

Al entrar a la estación de gasolina
una mujer acelera desde detrás de una bomba
y se mete justo frente a mí.
Piso los frenos, me clavo en el claxon

y se detiene apenas lo suficiente
para asomarse por la ventana y gritarme,
¡Sabes lo que eres, cuate!
Sí. Lo sé.

Soy un patético perdedorcillo
que no distingue su culo de una bomba de gasolina;
soy un hablador culto y arrogante que
te enseña todo lo que sabe por un dólar;

soy un espantado, tenso y solitario farsante
dispuesto a venderme a la primera mujer
que me muestre un grano de amabilidad;
soy un idiota aturdido y desesperado

que se pregunta cómo llegué aquí y qué
voy a hacer después; soy un poeta de tercera,
un estropeado y arruinado amante de Dios,
un indigente espiritual enganchado en el Dharma,

un vagabundo de la verdad, un chulo
de las enseñanzas de los Maestros, pero
lo que quiero saber es,
¿Cómo se dio cuenta?

(Red Hawk. *The Way of Power*, 17)

8

La primera respuesta
El modo automático

Si estamos observando claramente, lo que veremos (quizás no enseguida pero si seguimos procesando) es que el "yo" nunca está enojado. Veremos que el enojo surge en una constelación que rodea pero no penetra al "yo".
(Lozowick. Abundancia o Miseria, *121)*

Eres un alma en un cuerpo mamífero, oh cansado Viajero. Por consiguiente, es crucial entender como opera este cuerpo, sus funciones internas así como sus manifestaciones externas. Los mamíferos aprenden de cinco maneras: observación, repetición, imitación, prueba y error, y el juego. La auto observación utiliza todas estas maneras de aprendizaje. El complejo intelectual-emocional está conectado al sistema nervioso central. Y en el sistema nervioso central de todos los mamíferos, la primera respuesta, el modo automático, es el instinto de supervivencia. Este es el nivel básico en un mamífero, y también en nosotros. La mayoría de los seres humanos viven gran parte de su vida en modo de supervivencia; frente a cualquier amenaza de dolor –*ya sea real o imaginar*ia– la primera respuesta es el instinto de supervivencia. Es lo más rápido en nosotros (centro instintivo), está programado en el sistema nervioso central, es fuerte y poderoso. Su única función es preservar al cuerpo de cualquier amenaza.

El instinto de supervivencia está localizado en el ombligo (centro instintivo) y alberga las dos emociones primordiales, primitivas, primales: la rabia y el terror. Cada una de estas dos emociones primarias dispara una acción que la acompaña. Si, de acuerdo a mi naturaleza, mi respuesta a la amenaza de dolor es la rabia, entonces la acción que la acompaña es la lucha. Si, de acuerdo a mi naturaleza, mi respuesta es el terror, entonces la acción que la acompaña es la huida. Por consiguiente, los biólogos etiquetaron al instinto de supervivencia como el "síndrome de lucha o huida". El centro instintivo está muy alineado con el centro motor.

La primera respuesta es siempre y solo egoísta = supervivencia = basada-en-el-miedo (agradezco al Sr. Jay Landfair por esta enseñanza). No puede ser de otra manera; la supervivencia siempre y solo se centra en "mí". El "instinto de supervivencia" es albergado en el centro instintivo. Ya hemos establecido la primacía del centro instintivo en el instrumento biológico humano: yo siento que es siempre él el primero en saber y responder (Ouspensky dice que las emociones son más rápidas; pero no lo creo). Por lo tanto, la primera respuesta al dolor o a la amenaza de dolor –ya sea real o no– *siempre y solo* es egoísta, basada-en-el-miedo y orientada a la supervivencia; la puedes predecir. Y ahora debes observar y verificar esta información por ti mismo a través de una paciente y cuidadosa observación sin juicio. ¿Por qué juzgar esto? Está programado en el instrumento-mamífero. El mamífero siempre reacciona de acuerdo al centro instintivo. No está mal. Es cómo se supone que debe ser.

La mayoría de los seres humanos viven sus vidas y manejan sus relaciones a partir del instinto de supervivencia. Por eso el mundo es lo que es y por eso nos tratamos como nos tratamos. El instinto de supervivencia es "ojo por ojo y diente por diente". Si me lastimas, te lastimo y, si puedo, lo hago un poco más que tu. Por lo tanto, es guerra todo el tiempo, tanto a nivel personal como global. El instinto de supervivencia es inconsciente y mecánico. Tiene que ser así, la prueba es que cuando alguien se me cruza en el tráfico, no tengo tiempo ni de pensar ni de emocionarme; eso viene después. Doy inmediatamente un volantazo para evitar el daño. Tu me lastimas y yo te lo regreso. Cuando los Evangelios me instruyen "da la otra mejilla" sugieren un nivel muy alto, consciente y maduro de práctica, inaccesible a la mayoría de los seres humanos. Mi primera respuesta es siempre y solo egoísta.

Solo el mamífero humano tiene una opción en la materia cuando es lastimado por las palabras o acciones de otro, y solo un mamífero humano que está practicando la auto observación puede aspirar a tener esa opción. De otro modo, estoy esclavizado por el "imperativo biológico". El instrumento hace aquello para lo que fue creado. Y cuando hago esto una y otra vez en las relaciones, y el otro me lo hace a mí también, el resultado es una serie de relaciones fallidas a nivel personal y global. Ninguna relación puede sobrevivir cuando estoy constantemente reaccionando a cada tipo de dolor, no importa cuan pequeño sea, con enojo o miedo –ya sea golpeando de regreso, lastimando de regreso, o dando la espalda al amado y negándole mi amor (otra forma pasiva de lastimar de regreso)–. Solo el ser consciente tiene una opción en la materia. Y, de la manera en la que estamos hechos, estamos lejos de ser conscientes. Someter el instinto de supervivencia al Trabajo, "dar la otra mejilla", es en verdad una práctica muy elevada, llamada en la tradición chamánica "la Maniobra del Guerrero". Esta es una respuesta racional al dolor o a la amenaza de dolor. El instinto no es racional.

Pero esto no es lo que el punto ciego hace. Él hace que la respuesta racional sea totalmente irrelevante para satisfacer su necesidad de ser alimentado. La respuesta racional es lo último que quiere o necesita. Responder racionalmente significaría su sentencia de muerte. Así que tiene un gran interés en conservar mi respuesta mamífera, inmediata, egoísta e irracional.

Así que la persona que está en el Trabajo comprende que la persona ordinaria solo tiene dos posibles reacciones ante el dolor o la amenaza de dolor. Y comprende que el instinto de supervivencia también es siempre la primera respuesta en el otro. Además comprende que esta primera respuesta solo y siempre puede ser egoísta. Se trata de la supervivencia del organismo. Punto. Por eso debe ser la primera. Así es como sobrevivimos a la era de los grandes depredadores, a quienes les gustaba comernos. Estamos programados para tener esta primera respuesta ante el dolor o la amenaza de dolor. No tenemos opción.

Pero la persona comprometida en el Trabajo tiene la opción de decidir si reaccionar o no frente al surgir del instinto de supervivencia. Tiene la opción de decidir si actuar de acuerdo a la orden: ¡Lucha o huye!. Puede optar por encontrarse a sí mismo, dominar su cuerpo, observar sin reaccionar, sin juzgar, sin cambiar nada y *mantener el cuerpo relajado* cuando el sistema nervioso central manda la ola de adrenalina, que prepara al cuerpo a luchar o a huir.

El ser consciente respira en el ombligo (centro instintivo) y relaja al cuerpo. De esta forma la ola de energía se transforma en una energía más fina y elevada que podemos llamar amor o sabiduría o simplemente energía-del-Trabajo. El ser consciente es capaz de utilizar esta energía ya no para devolver el golpe o dar la espalda, sino para comprender objetivamente su reacción interior así como las acciones del otro. Es capaz de evaluar tranquilamente su mejor y más productiva línea de acción para ayudar a que la relación alcance su más alto potencial, independientemente del costo que esto conlleva. Esto, algunos humanos iluminados lo han llamado amor incondicional.

Junto con "la primera respuesta" en el sistema nervioso central, pero albergado en el centro emocional en lugar de estar en el centro instintivo, está lo que conocemos como el "modo automático". El centro emocional es mucho más rápido que el centro intelectual. La función del centro emocional es la de medir –es un instrumento de medición conectado al sistema nervioso central del instrumento biológico para asegurar su máxima probabilidad de supervivencia–. Por lo tanto trabaja de cerca con el instinto de supervivencia del centro instintivo. El centro emocional solo mide una cosa: la cantidad de peligro presente en cada situación, momento o persona; visto de otra manera, mide solo una cosa: la cantidad de amor y apoyo presente en cualquier situación, momento o persona. Entre más amor y apoyo, menos peligro, por lo tanto, menos tensión en el cuerpo. Por consiguiente, el instinto de supervivencia no se dispara por la "respuesta de alarma".

Las emociones son simplemente energía en el cuerpo, cuya función es medir el peligro o el amor presentes en un determinado ambiente. Nada más, nada menos que energía en el cuerpo. Ahora aquí es donde la cosa se pone interesante: solo hay una energía –y está fluyendo continuamente hacia el cuerpo, de otro modo este moriría–. ¿Cuál es esta "única energía"? El amor. El Creador es imparcial, amor objetivo, y esta energía-amor fluye constantemente en todas las cosas vivas, de otro modo estas morirían.

Pero el instrumento biológico humano, como resultado de un entrenamiento, condicionamiento, programación, está llevado a identificar y convertir esta energía en varios "humores" de acuerdo al "paradigma" (="construcción mental") que le ha sido enseñado y que funciona muy bien para asegurar lo que piensa que necesita para sobrevivir. Estos humores varios, cuando funcionan, me dan lo que pienso que es necesario para mi supervivencia. Por lo tanto se vuelven habituales; se "programan" en el centro emocional como "mecanismo automático" de modo que, en momentos de presión extrema, el sistema nervioso central, y su parte que es el centro emocional, inmediatamente se conectará con estos humores habituales. La depresión es uno de estos humores, por ejemplo. Es el favorito de mucha gente. ¿Por qué? *Porque consigue la atención de los otros que se sienten llamados a rescatarme y a cuidarme = supervivencia.* Por supuesto, este tipo de razonamiento y comportamiento y hábito se construye cuando soy muy pequeño, como el resultado de la falta de respuesta o información adecuada por parte de los que me cuidaban. No hay "culpa" en ello, solo se trata de mamíferos que llevan a cabo sus patrones habituales de respuesta, de acuerdo con su condicionamiento. "Los pecados de los padres caerán sobre los hijos hasta por cuatro generaciones" (Éxodo 34:6-7). Es decir que los patrones emocionales, mentales y de estados de ánimo habituales corren por cientos de años en los árboles genealógicos de las familias, se transmiten de una generación a la otra, interminablemente (lo cual es lo que significa "por cuatro generaciones" = interminablemente). Estos patrones emocionales habituales se convierten en el modo automático del centro emocional cada vez que hay una amenaza *–ya sea real o imaginaria–* en mi ambiente.

Así que en una familia, el estado de ánimo automático puede ser el enojo, o la depresión, o la alegría optimista, o la drogadicción, o el abuso, o el retraimiento emocional-ausencia tanto física como emocional, abandono y así sucesivamente. La lista sigue y sigue. La emoción es energía en el cuerpo que mide la cantidad de peligro o amor. Punto. Lo que hago con ella depende de dos factores: 1) del paradigma recibido y construido (= "construcción" mental-emocional) –es decir, de mi condicionamiento, mi programación, que se convierte en mi modo automático; o 2) de la atención libre de una persona despierta y consciente. Si estoy despierto y consciente, entonces seré capaz de *elegir con un propósito.* Si soy una persona ordinaria, llevada por hábitos inconscientes, entonces mi "mecanismo automático", mis humores habituales, escogerán por mí, el hábito hablará por mí, en mi nombre y usando mi voz, el hábito actuará por mí, y tendré que pagar las consecuencias de tal elección (que a veces cambian mi vida), a veces harán que pague por el resto de mi vida por una elección tomada por una entidad mecánica, inconsciente, habitual, en el instrumento biológico humano, que actúa sin razón ni consciencia, solo por hábito. La depresión es uno de estos hábitos. A menudo es arbitraria, aunque no siempre, como lo son mis acciones en respuesta a la misma. Es energía –lo que hago con ella y como uso esa energía depende de mi estado interior: ya sea habitual, inconsciente, mecánico, o bien consciente, con un propósito, intencional–.

Solo a través de la auto observación paciente, honesta, relajada, sin interferir con lo que es observado, puedo comenzar a ver, a comprender, a tomar elecciones conscientes con propósito, en lugar de ser un autómata mecánico, inconsciente, llevado por la primera respuesta o por un modo automático. Solo entonces mis relaciones tienen la posibilidad de ser exitosas, satisfactorias y de volverse un alimento para el alma.

You Don't Know What Love Is

On the way to the picnic I stop to buy
an apple pie and the big bag of corn chips,
my favorites.
We get there and drink beer, grill burgers
and have a good time.
Just to show what a good guy I am,
I leave them the rest of the apple pie
but I wrap and fold the corn chips carefully
and place them next to our cooler so
they will come home with us. They are
my favorites.

The next day I go to the kitchen for corn chips but
they are nowhere to be found; I look
everywhere and then
I go in the laundry room where she is
doing the wash and I ask her, Where
are the corn chips?
I left them there to be nice,
she says, and that is how the fight starts.
It goes on and on, but it ends the way
they always end: she is in tears and when

I try to comfort her by saying I love her, she
says, You don't love me; you don't
know what love is. And I am thinking,
not out loud of course, That's a
goddamn lie, I love
those corn chips.

(Red Hawk, *Wreckage*, 20)

No sabes lo que es el amor

De camino al picnic me detengo a comprar
una tarta de manzana y una bolsa grande de frituras de maíz,
mis favoritas.
Llegamos allá, bebemos cerveza, asamos hamburguesas
y nos la pasamos bien.
Para demostrar que soy un buen tipo,
les dejo el resto de la tarta de manzana
pero cuidadosamente cierro y doblo las frituras de maíz
y las pongo junto a nuestra hielera de modo
que vuelvan a casa con nosotros. Son
mis favoritas.

Al día siguiente voy a la cocina por frituras de maíz pero
no están por ningún lado; las busco
por todas partes y luego
voy a la lavandería donde ella está
haciendo la colada y le pregunto, ¿Dónde
están las frituras de maíz?
Las dejé por buena gente,
dice, y así es como comienza la pelea.
Y sigue y sigue, pero termina como siempre
termina: ella llorando y cuando

la trato de reconfortar diciéndole que la amo, ella
dice, No me amas; no sabes
lo que es el amor. Y yo estoy pensando,
no en voz alta por supuesto, Esto
es una reverenda mentira, amo
esas frituras de maíz.

(Red Hawk, *Wreckage*, 20)

9

Los múltiples yoes

... la vida de la psique dura tanto cuanto cada "máscara" o "postura" controla el organismo... usualmente unos quince segundos. Esto no es un lapso de tiempo suficiente para lograr algo, aun menos es suficiente para llevar a cabo el proceso de recolección de sustancias más elevadas y su perfección y cristalización en un alma verdadera.

(E.J. Gold. The Joy of Sacrifice: Secrets of the Sufi Way, *13-14)*

Una de las ideas más difíciles de comprender del Trabajo es la afirmación que dice que así como somos, no somos un ser unificado interiormente, un "yo" único, igual siempre y en todo lugar, sino que somos una multitud de "yoes" interiores, un ser dividido, fragmentado en docenas, hasta centenas, de "yoes" rebeldes, competitivos, en guerra entre sí, cada uno con su propia agenda, tono, humor y creencias. Es imposible comprenderlo enseguida, sino que solo se puede entender intelectualmente. Creo que soy uno, completo, no dividido, pero he sido construido psicológicamente de tal forma que me es imposible ver la verdad de mi estado interior. La psicología llama a este estado esquizofrenia y lo denomina enfermedad mental. Sin embargo, es el estado habitual en el cual se encuentra toda la humanidad; todas las personas que he conocido, sin excepción, sufren de este estado interior.

Pero no podemos admitirlo. Admitirlo nos pondría en peligro porque existen lugares especiales para la gente así. Y para evitar ser matados, encarcelados o internados en una institución, hemos desarrollado disfraces elaborados, máscaras, acciones, juegos, falsas personalidades para esconder nuestro verdadero estado interior de fragmentación. Y muy lentamente, uno empieza a creer que esta pretensión es su ser verdadero. Lucha para defenderlo de ataques o de ser expuesto.

Soy una masa de contradicciones. Lo veo en los demás, a veces es muy obvio, y no puedo entender como ellos no lo ven, aun cuando les muestro la contradicción. A menudo cuando se los muestro se sienten insultados y se ponen a la defensiva, y niegan que exista algo así en su comportamiento. Yo hago lo mismo. No puedo creer que en mi interior estoy en un estado fragmentado, destrozado.

El resultado es que actúo como si yo y todos los demás fuéramos interiormente un "yo" completo, unido, único, estable, inmutable. Así, si X dice que hará algo y al día siguiente no lo hace como dijo, me siento insultado, enojado y creo que X es una mentirosa, que no es digna de confianza. Puedo incluso terminar mi amistad con X si el insulto es lo suficientemente grande, o hasta si es algo pequeño. Acabamos relaciones todo el tiempo por pequeñas nimiedades. ¿Por qué? En primer lugar porque creemos que el otro es el mismo "yo" siempre y en toda circunstancia y, segundo, porque yo mismo estoy gobernado por muchos pequeños "yoes", cada uno de los cuales tiene su propia agenda y, uno de ellos, engreído e incapaz de valorar mi amistad con X, decide terminar con ella; él piensa por mí, habla por mí y actúa en mi nombre. Una vez hecho esto, el daño puede ser irreparable. Puede que pague por el resto de mi vida por la acción momentánea e impulsiva de un pequeño "yo" en mí que un momento después, o una hora después, o un día después ya no está a cargo sino que ha desaparecido.

Y si al día siguiente me preguntas por qué rayos dije e hice esas cosas a X, te diré bastante honestamente: "No sé. No sé en qué estaba pensando". O bien, culparé a X y justificaré mi comportamiento hacia ella con unas mentiras y excusas muy obvias y transparentes. Este es el estado en el cual me encuentro y es el estado en el cual se encuentra cada una de las personas que he conocido, sin excepción. Este estado de fragmentación dirige mi vida. Es por esto que no puedo llevar a término una conducta, especialmente si dicha conducta se extiende por un largo periodo de tiempo, dura días, meses o hasta años. Comenzaré una línea de conducta, por ejemplo una tan importante para mí como el matrimonio y, en seguida, comenzaré a alejarme de ella desviándome hacia miles de distracciones, muchas de las cuales estarán en directa oposición con la línea que había tomado originalmente, hasta que finalmente me encontraré haciendo exactamente lo opuesto de lo que me había propuesto inicialmente. Termino en divorcio, o engaño y bebo y hago un daño terrible a mi matrimonio. ¿Cómo puedo hacer tales cosas? Es muy simple. El "yo" que ante Dios y los hombres hizo esos votos en los que prometía no abandonar, ser fiel hasta que la muerte nos separe, los hizo con todo su corazón, mientras tenía el control del instrumento biológico humano. Pero en cuanto otro "yo" tomó el control, todo se olvidó. O aun peor, el "yo" que ahora domina no ha olvidado esos votos, sino que esta diametralmente, hasta violentamente en contra de ellos y no quiere tener nada que ver con ellos. De hecho, maldice la posición en la que se encuentra y no puede creer que se metió en ese lío para empezar. Se pregunta: "¿En qué estaba yo pensando cuando me casé con ella?", pues no tiene memoria alguna del estado de aquel otro "yo". En su mundo, lo único que le importa es ser mujeriego y bebedor. Sin importar las consecuencias para él o los otros. Cada uno de estos "yoes" solo quiere lo que quiere, cuándo y cómo lo quiere. "Y a la mierda todo lo demás".

Esto es lo que pasa en mí a cada momento de cada día durante toda mi vida.

No solo a mí, si no que a cada uno de nosotros. Un pequeño "yo" toma el control momentáneamente del instrumento, escoge por mí, habla con mi voz, actúa en mi nombre y toda mi vida y la dirección que tome pueden depender de ese pequeño y aparentemente insignificante momento. Y "Yo" ni siquiera estoy presente, "Yo" ni sé lo que pasó, las implicaciones que puede tener, la importancia de la elección, nada de esto. Yo ni siquiera estoy presente o consciente. Uno entre la multitud de "yoes" en mí ha escogido, tomado con certeza y contundencia, una decisión que cambia mi vida.

Este "yo" que ha escogido, tiene su agenda. Todos los "yoes" tienen su propia agenda. Su único propósito es cumplir el deseo de esa agenda, sin importar lo que me cueste a mí, a mi vida, a mis relaciones. Punto. Fin de la historia. Y como no soy un "Yo" único, sólido, unificado y consistente, estoy a merced de cualquier "yo" que por pura casualidad esté presente en el momento en el que me enfrento con la decisión.

¿Puedo siquiera comenzar a ver lo que esto significa para mí? ¿Puedo siquiera comenzar a comprender la situación en que esto me coloca como ser humano? Ver esto es lo que el Señor Gurdjieff llamaba, "el horror de la situación". Esta es la situación de todos y cada uno de los seres humanos en la Tierra. ¿Cómo puede el presidente de los Estados Unidos decir una cosa, inmediatamente contradecirse, declarar de manera descarada lo que claramente son mentiras aunque parece que el mismo se las cree y luego, hacer otra cosa totalmente distinta? Por que él es exactamente como tú y yo –una multitud de "yoes", cada uno con su agenda,– y es dirigido por estos "yoes", exactamente como tú y yo.

Estos "yoes" son de tres tipos:

1) El primer tipo sabe muy bien que existe una cosa llamada Trabajo y está vehementemente, hasta violentamente en contra de los propósitos del Trabajo; se resiste con fuerza a la auto observación porque de alguna manera comprende que hacerlo expondría lo que realmente son su agenda, sus contradicciones y sus creencias;

2) El segundo tipo ni siquiera sabe de la existencia del Trabajo, lo que es, o lo que son sus propósitos; *no tiene memoria alguna del Trabajo o de sus propósitos más allá de los suyos*; es inconsciente de todo excepto de él mismo;

3) El tercer tipo sabe de la existencia del Trabajo, está bajo su influencia, esta de acuerdo en practicar los propósitos del Trabajo y está dispuesto a cooperar con aquellos "yoes" que estén de acuerdo.

El presidente de los Estados Unidos opera casi exclusivamente con el "yo"[3] número 2, y todos los demás líderes del mundo, aquellos que controlan los destinos de las naciones, hacen lo mismo. Una mente disciplinada es de lo más raro en esta Tierra. Es una en un millón. Mira a los ricos,

3. A partir de este punto del texto y hasta el final de este capítulo, el autor escribe la palabra yo, en inglés "i" sin mayúscula, mientras que en este idioma la palabra yo, "I", siempre se escribe con mayúscula. [N. del T.]

famosos y poderosos (incluyendo a los jefes de estado de todas las naciones) en la televisión y te darás muy pronto cuenta de que esta gente son unos tontos en el mejor de los casos; en el menos bueno, están locos; y en el peor, están peligrosamente locos y hacen verdadero daño. Algunos de ellos matan a millones de personas. Destruyen la Tierra. Ellos son como nosotros pero no tienen las esposas del control social y de la presión de los pares. Están corrompidos por el poder.

Esto representa otro significado de la expresión "el horror de la situación". Pero el verdadero "horror de la situación" surge en mí cuando me observo honestamente a mí mismo, sin juicio, sin tratar de cambiar lo que es observado, durante un periodo de tiempo muy largo, y veo que todas las guerras son la misma guerra, que los terroristas viven escondiéndose dentro de mí –y que sus vidas, sus existencias mismas, dependen de *permanecer escondidos de mi atención*: cuando comienzo a verlos claramente, son descubiertos, expuestos; *verlos* es un cambio profundo (principio de incertidumbre de Heisenberg)–.

Nada puede permanecer igual en mí una vez que he visto mis múltiples "yoes" y como funcionan en mí.

A este punto el *sufrimiento real –el sufrimiento voluntario– comienza en serio en mi interior*: "Voluntario" porque ningún ser humano puede obligarme a observarme, ninguno. Dentro de mí debe desarrollarse lo que el Trabajo llama el "yo-observador" que desea ver. Conforme es recordado y utilizado por el ser interior, comienza a fortalecerse y fusionarse con el ser interior; se vuelve más y más activo a través del *poder del sufrimiento* –el dolor es el gran motivador–. Más y más "yoes" se alían a este "yo-observador", comienzan a juntarse y cristalizarse a su alrededor como las partículas se reúnen alrededor de una carga. Así, a través de años de práctica, no obstante me olvide observarme durante horas o días, me resista a meditar quince o treinta minutos por la mañana, recuerde solo de vez en cuando el Trabajo, este "yo-observador" crece más fuerte y más activo.

Despacio, poco a poco, el propósito –verme tal como soy– se vuelve más activo, comienza a tomar verdadera fuerza y empuje dentro de mí. El sufrimiento producido por la práctica realmente *construye y desarrolla algo en mí que el Trabajo llama consciencia.** Todos nacemos con una consciencia pequeña, microscópica, tal como una "semilla de mostaza". Pero esta semilla de mostaza permanece embrionaria, sin desarrollar, en la persona ordinaria. Uno puede llegar a su tumba siendo dominado por varios "yoes", hasta quizás "yoes" religiosos, pero estos "yoes" religiosos no tienen consciencia, todo lo que tienen es un "sistema de creencias" heredado, incapaz de pensar, que solo condena y sigue con rigidez a un dogma no probado, a ideas prestadas. Estas personas no entienden, a menudo son inflexibles, hasta violentas y combativas al perseguir estos dogmas prestados, no probados, mal comprendidos y heredados de sus padres. A menudo son muy enjuiciadoras y capaces de generar grandes daños. Actuarán en nombre de un dios imaginario, ilusorio, creado por ellas y harán cosas innombrables en nombre de este dios. La historia está llena de actos de tales seres.

Pero a partir del "sufrimiento voluntario" puede surgir la semilla de la consciencia real. Este es el resultado de una observación muy paciente, lenta y cuidadosa a lo largo de muchos años. *Una vez que esa semilla de mostaza es activada, una vez que la consciencia real es alimentada y comienza a desarrollarse, entonces y solo entonces, aprenderé lo que es el verdadero sufrimiento voluntario.* Porque los "yoes" que amo y con los que me identifico (= yo soy eso) no van a desaparecer. Y, mientras yo decida creer en ellos e identificarme con ellos, tendrán poder sobre mí. El practicante maduro simplemente no les da a estos "yoes" la autoridad para que hablen por él, decidan por él, actúen por él. En cambio, le da poder al propósito. Escojo vivir desde mi propósito, no desde la agenda de los pequeños "yoes". Y sufro porque veo una y otra vez *con qué facilidad soy llevado por la agenda de los pequeños "yoes". Veo muy claramente que me resisto a dejar de practicar sexo con quien sea y de beber (un ejemplo, no un hecho) sin importar el costo que estos comportamientos representan para mí, mis relaciones, o mi vida: me rehúso.* Pero como ya hay dentro de mí una semilla de mostaza de consciencia –no un sistema de creencias tomado de otros, *sino que algo que es realmente mío porque yo pagué por ello* –ahora sufro intensamente, ahora sufro de una manera totalmente nueva y en un nivel totalmente nuevo. *Y este sufrimiento alimenta la consciencia.* Esto es lo que el hombre ordinario no puede entender jamás.

Solo la gente desesperada, que ha sufrido el "horror de la situación" durante años y años, podría ser llevada al extremo en que se rinden entregándolo todo al Creador a cambio de esta semilla de mostaza, esta "perla de gran valor". ¿Comprendes? ¿Es que me atrevo a ver cómo en cada momento decido ser dominado por un pequeño, egoísta, inconsciente "yo" y como me vuelvo esclavo de sus deseos? ¿Me atrevo al fin a ver cómo mi vida me es robada a cambio de poca cosa, como beber e irme de putas (lo que significa cualquiera y todas las agendas de los pequeños "yoes")?

Puedo ver en *mi interior* el verdadero "horror de *mi* situación"? Trata de observar en ti el *ciclo completo de un solo "yo"* –no solo la actuación a partir de su agenda, sino el juicio resultante sobre esa acción y los sentimientos que surgieron sobre el ser; esto es, el "ciclo–del-yo" completo, no solo una mitad, que es la acción, sino también la otra mitad, que es la reacción y el juicio y el sentimiento acerca de mí mismo. *Verifica* por ti mismo la verdad sobre tu estado interior. Trata de observarte sin juzgar y sin cambiar lo que es observado. Cuando sea capaz de ser consciente de un "yo" dentro de mí y de lo que está haciendo, la ambición y el "yo" que es ambicioso, será un momento de verdadero recuerdo de mí y de auto observación.

El esfuerzo para cambiar lo que es observado es el resultado de la identificación con lo que es observado, de creer en ello, de darle poder, de sentirme "incapaz" de hacer otra cosa por que "yo soy eso". Así, una parte de mí, un pequeño "yo" dentro de mí, juzga a otro pequeño "yo" y dice que este "yo" debe ser detenido y "yo" lo detendré. ¿Cuál es el resultado? La guerra civil, un ser dividido, y el esfuerzo para cambiar lo que es observado simplemente sirve para empoderar aquello que es observado y que "Yo"[4] estoy haciendo el esfuerzo por cambiar. ¿El resultado? No hay cambio, solo una repetición habitual del acto –juicio del acto –esfuerzo por cambiar el acto –culpa y condena cuando el acto no cambia –más repetición del acto. Es un ciclo. Se repite. Puede predecirse por que es habitual. Todos los hábitos son "yoes".

He aquí un buen ejemplo. Ayer me pasé como tres horas trabajando en este capítulo, escribiéndolo y rescribiéndolo. Sentí que tenía un primer borrador bastante decente. Ahí estaba yo en casa, frente a una computadora prestada haciendo unos últimos cambios cuando, con solo apretar una tecla, perdí el capítulo completo. Traté frenéticamente

4. Esta vez el autor utiliza el "yo", "I", de vuelta con mayúscula en inglés. [N. del T.]

de encontrarlo y recuperarlo. Nada.

Me quedé allí sentado en un estado aturdido de incredulidad y desesperación. Entonces algunos "yoes" muy conocidos surgieron en mí con mucha fuerza. Uno era rabia. ¿Pero contra qué o quién lanzar esa rabia? ¿Contra la computadora? Rápidamente se metamorfoseó en mi modo automático: odio hacia mí mismo, el punto ciego. Entonces surgió otro "yo", uno que me incitaba a abandonar por completo el proyecto del libro. Esto siguió así durante varios minutos hasta que me recordé de mí mismo, me encontré y me ocupé del cuerpo.

Tomé la decisión consciente de no dramatizar el evento ni de hablar enseguida de él con mi esposa. En lugar de eso, cerré la computadora, me fui al patio trasero donde ella estaba sentada y la acompañé con una copa de vino. Cuando me preguntó como me había ido, le dije que había sido un buen día y que me sentía satisfecho. Más tarde esa misma noche, en casa de unos amigos, después de cenar, mencioné lo que había pasado y recibí el justo soporte, nos reímos del incidente y lo solté. Al día siguiente, muchos "yoes" desconfiados, fundados en el miedo y en el odio a mí mismo, estaban ansiosos de aprovechar la energía disponible. Pero yo estaba decidido a mantener mi propósito, así que me senté y me puse a trabajar. El resultado es este capítulo, mucho mejor que el primer borrador. Quizás no grandioso, pero mejor. Así es que ya ves cómo sucede conmigo. A veces gano, a veces pierdo. Y así sucesivamente.

Tutwalla Baba

When he died at 93
by all reports He looked 30,
face unlined, dark hair down
to the ground, radiant and beautiful.

His spiritual practice was simple:
he walked with His eyes
downcast,
rarely spoke.

When He looked people in the eye
it burned them alive and
when He spoke
it broke them.

Refusing to be a liar,
Baba stepped into the holy fire;
reticence and restraint
made him a saint.

(Red Hawk. *Way of Power*, 29)

Tutwalla Baba

Cuando murió a los 93
todos decían que se veía de 30,
rostro sin arrugas, melena oscura
larga hasta el suelo, radiante y hermoso.

Su práctica espiritual era simple:
caminaba con los ojos
vueltos hacia el suelo,
rara vez hablaba.

Cuando Él miraba a la gente a los ojos
los quemaba vivos y
cuando hablaba
los quebraba.

Rehusando ser un mentiroso,
Baba entró al fuego sagrado;
Ser reservado y tener templanza
hicieron de él un santo.

(Red Hawk, *Way of Power*, 29)

10

La fuerza de rechazo
La resistencia al Trabajo

Aprende a soportar disgustos momentáneos por el bien del Trabajo.
... Hazte amigo de la fuerza de rechazo.
... Si dudamos sobre qué camino tomar, deberíamos seguir aquel donde haya más resistencia.
(Æ.J. Gold. The Joy of Sacrifice, *101, 102)*

Ningún movimiento interno o externo puede tener lugar en este mundo sin resistencia; algunas tradiciones llaman a esta resistencia "fricción". Si no puedo lograr tracción, o fricción, sobre el hielo entonces no voy a lograr moverme. Si los neumáticos pierden resistencia en la carretera, el coche patina fuera de control. Sucede de la misma manera en nuestro interior, de acuerdo a la ley (primera ley del movimiento en la física newtoniana: a cada acción, corresponde una reacción opuesta y de fuerza igual). De acuerdo a esta ley, conforme el ser trata de crecer y madurar, de avanzar, se topará con la resistencia interior. No puede ser de otra manera. Entre mayor sea el esfuerzo, mayor será la resistencia interior. Muchos abandonan el trabajo espiritual a la primera señal de resistencia. No tienen ni la comprensión ni la fuerza suficientes para trabajar con dicha resistencia; se identifican con ella y hacen como esta les ordena. Algunos otros perseveran pero abandonan su propósito cuando la resistencia crece en ellos. El poder de la resistencia hace que muchos abandonen el Trabajo.

La naturaleza misma de la mente es la separación, la negación, el rechazo, la resistencia, ¡NO! Quizás ya has notado esto en tu travesía, cansado Viajero. Sin embargo, a causa de la identificación, aquí es donde la mayoría de nosotros hemos sido entrenados, obligados e intimidados a vivir nuestras vidas, en esta diminuta y mugrosa pocilga al lado de la gran mansión. Por la manera en la que ha sido programada, la mente niega la vida. Es el impulso de muerte, ¿puedes verlo en el mundo, en el comportamiento de la raza humana, en la gente a tu alrededor, en ti mismo, cansado Viajero? ¿Puedes intuir lo que esto significa en tu vida? ¿En tus relaciones?

Para poder desarrollarse y avanzar, uno debe encontrar entre las fuerzas de atracción y repulsión –o como las identifica el Trabajo, entre las fuerzas de "afirmación" y "rechazo"–, la fuerza "reconciliadora". En otras palabras, no puedo simplemente enfrentarme de lleno a la resistencia con una fuerza opuesta. El resultado es un empate. Ningún movimiento es posible. Debo encontrar la manera de reconciliar dos fuerzas opuestas. Una tercera fuerza debe surgir en mí. La auto observación y su acompañante, el recuerdo de sí, proveen dicha fuerza reconciliadora en mí. Me permiten pararme entre dos fuerzas opuestas, entre el "sí" y el "no" dentro de mí, sin identificarme con ninguno de los dos. Soy capaz de no moverme hacia uno ni de alejarme del otro. Esto es conocido en la tradición budista como "ecuanimidad". Es la habilidad de sostener igualmente dos posiciones interiores opuestas sin detrimento o concesión en ninguna dirección. Esta es la esencia del Trabajo. Soy una masa de "yoes" contradictorios dentro de mí, muchos opuestos entre ellos, cada uno luchando por el control del organismo para lograr sus propias metas egoístas. Entre ellos se encuentra la auto observación sin juicio. Me encuentro a mí mismo, no me identifico. Permanezco bastante quieto interiormente, sin moverme hacia un lado o el otro. Así, las fuerzas son reconciliadas y el movimiento es posible.

Por consiguiente, no te dejes engañar por la resistencia al Trabajo. Es tan inevitable como la sombra que sigue al cuerpo. Es de acuerdo a la ley y necesaria. Ningún desarrollo se puede lograr sin ella. De hecho, la resistencia se convierte en una guía muy útil para mostrarme cuando estoy en el camino correcto. El ego encontrará toda auto observación reprensible y le resistirá con gran fuerza. Entre más uno descubra los funcionamientos de varios "yoes", más resistencia interior habrá. Su supervivencia depende de que yo permanezca inconsciente e ignorante. No pueden sobrevivir para siempre bajo la luz de la auto observación. Viven en la oscuridad. Conforme uno avanza en este Trabajo y adquiere mayor comprensión y percepción, la resistencia no disminuye, crece en consecuencia. Entre mayor sea la resistencia interior, más seguro estoy de estar en el camino correcto y de haber descubierto algo verdadero.

La gente sabia comprende tanto la naturaleza como el valor de la resistencia interior a la auto observación. La toman como una señal afortunada de que están cerca de algo de verdadero valor para el ser y no abandonan los esfuerzos necesarios para ver. Hay un dicho en el Trabajo: "Si lo veo, no tengo que serlo", (Jan Cox). La práctica paciente y el esfuerzo para ver y sentir nos moverán a través de la resistencia sin cualquier tipo de combate o violencia, sobre todo sin juicio. El juicio es resistencia. No hay necesidad de pelear o culpar. Simplemente observa con ecuanimidad y con el cuerpo relajado. Cuando el agua se topa con resistencia, simplemente le da la vuelta, por arriba o por abajo. Cede para seguir moviéndose. Las artes marciales utilizan la misma idea, moverse con, y no en contra de, la fuerza que viene hacia mí y no tensar el cuerpo, sino que permanecer relajado frente a la oposición. La resistencia es legítima. Úsala, no la combatas.

Del mismo modo, después de una vida de práctica, uno quizás sea capaz de utilizar su propia muerte como aliado y consejero, en lugar del terrible enemigo que nos enseñaron a ver en la cultura en la que vivimos. No hay necesidad de luchar contra ella o pelear. Es un regalo del Creador. El Creador es solo amor, por lo tanto, la muerte es amor. El aceptar el hecho de mi muerte mientras aun estoy con vida me muestra la manera correcta de vivir: ser lento para juzgar y rápido para perdonar. Todos las personas que he conocido, sin excepción, van a morir. Por consiguiente, ¿por qué pelear? ¿Dónde está la culpa? Sin juicio: este es el camino de la auto observación.

Equanimity

To be without judgment, which is not
the same as being without discrimination,
is equanimity, to move neither toward hot

nor away from cold, but to remain stable
as desire strains at the leash.
Perhaps you have seen the ancient symbol

for equanimity: between 2 opposing Lions, the low
setting Sun sits unmoved on the horizon,
its light illuminating equally the no

and the yes. The Indians gave it no name
but said, Regard the eating of the bear and
the bear eating you both the same.

(Red Hawk)

Ecuanimidad

Estar sin juicio, que no es
lo mismo que estar sin discriminación,
es ecuanimidad, no tender hacia el calor

ni alejarse del frío, sino mantenerse estable
mientras el deseo tira de la correa.
Quizás hayas visto el antiguo símbolo

de la ecuanimidad: entre 2 Leones que se enfrentan, el bajo
Sol poniente permanece inmóvil en el horizonte,
su luz iluminando por igual al no

y al sí. Los Indios no le dieron un nombre
pero decían, Mira de igual modo el comerte al oso que
el oso comiéndote a ti.

(Red Hawk)

11

Buffers[5]

Tenemos dentro de nosotros mecanismos especiales que nos impiden ver [nuestras] contradicciones. Estos aparatos se llaman buffers. Los buffers son arreglos especiales o un crecimiento especial... que nos impiden ver la verdad sobre nosotros mismos y sobre otras cosas. Los buffers nos dividen en una especie de compartimentos a prueba de pensamientos. Podemos tener muchos deseos contradictorios, intenciones, propósitos, pero no nos damos cuenta de que son contradictorios por que los buffers están entre ellos e impiden que miremos desde un compartimento al otro... hacen imposible que veamos... las personas con buffers muy potentes nunca ven... Generalmente cada buffer está basado en algún tipo de suposición errónea que tenemos sobre nosotros mismos, nuestras capacidades, nuestros poderes, nuestras inclinaciones, conocimiento, ser, consciencia y demás... ellos son permanentes; bajo determinadas circunstancias uno siempre siente y ve lo mismo.

(P.D. Ouspensky. The Fourth Way, *153-154)*

---

5. *Buffers*: en esta traducción mantendremos la expresión inglesa utilizada por G. Gurdjieff y por el autor, para indicar un sistema, unos amortiguadores, unos protectores, utilizados por parte del ego para impedirnos ver la realidad. (N. del T.)

Así es como el laberinto, o el complejo intelectual-emocional, funciona para impedirme ver: el "sistema de *buffers**". Es decir, un elaborado sistema de distracciones que captura la atención y evita que yo vea cómo el laberinto captura y consume la atención. El "sistema de *buffers*" está compuesto de muchas cosas, pero hay cinco clases generales o tipología de cosas que pueden ayudarnos a empezar a observar los *buffers*, principalmente son:

1) **la acusación** ("yo-no"); esta es la forma clásica en que el complejo- intelectual-emocional mantiene el control, especialmente en las relaciones. En el momento en que acuso, me coloco en la posición de "yo-estoy-en-lo-correcto" y tengo que probar que el otro está equivocado. Fin de la relación por el momento. Ahora solo hay ataque y defensa, es la guerra todo el tiempo.

2) **la justificación** ("yo-pero"); así es como me justifico sin importar mi comportamiento: "Sí, le pegué. ¿La viste cómo coqueteaba con ese otro tipo? ¡Por supuesto que le pegué!".

3) **la auto-importancia** ("sólo-yo"); Don Juan Matus, el chamán Yaquí, una vez le enseñó a su aprendiz Carlos Castaneda, "Lo que nos debilita es el sentirnos ofendidos por los hechos y las felonías de otros hombres. Nuestra importancia personal requiere que pasemos la mayoría de nuestra vida ofendidos por alguien. Sin la auto-importancia somos invulnerables" (Carlos Castañeda. *Tales of Power.* New York: Simon and Schuster, 1974). Este es el aspecto agresivo de la relación agresor-víctima, el dominio.

4) **la auto-compasión** ("pobre-de mí"); la imagen invertida de la auto-importancia, el lado pasivo de la agresión de la auto-importancia, la forma disimulada de mantener el control en la relación, la vía de la víctima, la sumisión.

5) **la culpabilidad** ("yo-malo"); este es uno de los instrumentos más poderosos de control y manipulación del comportamiento en las relaciones, tanto a nivel de la sociedad como a nivel personal.

Estas cinco cosas son muy interesantes, uno podría decir hasta fascinantes u obsesivas para la atención. A causa de ellas, de manera fácil e instantánea, se aleja y distrae de la observación del laberinto. Así es como el laberinto evita que yo escuche y utilice ayuda real; así es como el laberinto evita que me vea a mí mismo como soy, preservando intacto su mecanismo de "captura y consumo". Tiene un gran interés en que yo no comprenda lo que ahí sucede y sabe que esa información le es perjudicial.

Pero es mecánico = habitual, inconsciente. Tu no tienes porque serlo. Esta es nuestra ventaja sobre él. Puedo aprender a observar el complejo-intelectual-emocional en acción porque es predecible; actúa *de la misma manera* cada vez. Y por el simple hecho de ver, puedo liberarme, sin cambiar nada excepto mi relación con el laberinto. No cambiando al laberinto, sino mi relación con él = no-identificación. Así que todos los esfuerzos por ver un *buffer* que me mantiene confundido y distraído, son muy útiles para mi trabajo. Las cosas como el juicio, la identificación, la negatividad, el pensamiento innecesario y la emoción inadecuada, están inevitablemente acompañados de tensión innecesaria –por lo tanto, la tensión innecesaria delata claramente al laberinto echando sus redes–. Es un mecanismo instantáneo de retroalimentación. Así la directiva es: observa la tensión innecesaria. Los esfuerzos por mantener el cuerpo relajado son muy útiles y productivos. Estos esfuerzos son llamados en el Zen "esfuerzos sin esfuerzo", porque no se trata de "esfuerzos" musculares para relajar, sino un esfuerzo de observación interior, de consciencia corporal y comprensión. Más aún, la relajación en un sentido interno, también significa relajar el apego a la identificación con las funciones del cuerpo y con el laberinto del complejo intelectual-emocional. A esto también se le conoce en ciertas tradiciones como el Zen, como "esfuerzo sin esfuerzo": devenir interiormente activamente pasivo.

Así que el trabajo para observar los *buffers* es un trabajo lento y paciente. Existen muchas construcciones dentro de mí que he creado para evitar el horror y la vergüenza de aquello en lo que me he convertido para sobrevivir la locura del mundo a mi alrededor. Si yo hubiera permanecido cuerdo y estable en un mundo loco, rápidamente hubiera sido descartado como indeseable, alborotador. Los *buffers* sirven para mantener una cierta estabilidad ordinaria como la que conocemos en el mundo exterior. El quitar los *buffers* es un trabajo delicado y no puede hacerse demasiado rápido. Esto sería peligroso y contraproducente. Entre más me observo, nuevas cualidades y virtudes surgirán en mí como derivados de la auto observación. Los *buffers* se disolverán conforme despierte y se desarrolle en mí la consciencia; los *buffers* se volverán imposibles de mantener. Ya no puedo ignorar mis contradicciones. Y las nuevas virtudes que surgirán espontáneamente en mí remplazarán a los *buffers* que mantienen mi falsa personalidad.

La gran ley en este Trabajo siempre es: pon atención; ve despacio; estate quieto. No hay prisa. El trabajo no se puede apresurar. Requiere de gran paciencia, y esta paciencia se desarrolla en mí conforme observo. Lo que se necesita y se quiere de mí surgirá conforme se necesite; la ayuda vendrá de lo Alto, de aquel que me observa. Yo simplemente tengo que confiar en el proceso conforme se desarrolla en mí. Lento es seguro. Los *buffers* existen como protección para una psique frágil. Si yo viera directamente el ser dividido y fragmentado, como es, el impacto y el terror me destruirían. No podemos soportar ver nuestra propia locura y los *buffers* nos protegen de ese impacto, asegurando que permanezcamos "normalmente locos". La mayoría de nosotros logramos permanecer funcionalmente locos. Pero el sufrimiento de esta locura es demasiado grande de soportar para la mayoría de nosotros, aun con el sistema de *buffers*, así que nos auto-medicamos para soportar el sufrimiento de nuestra enfermedad mental. Tradicionalmente, usamos dinero, sexo, poder, fama, o drogas para distraernos del dolor de nuestra condición y anestesiarnos de la realidad de nuestro estado interior. Es más de lo que podemos soportar. La ley del Trabajo para entrar en el "*Corredor de la Locura*"* es: La única salida es atravesando. Debo atravesar mi locura. La auto observación y el recuerdo de mí mismo son las vías para atravesar en forma segura el Corredor.

Simplemente encuéntrate a ti mismo y observa tus contradicciones sin juicio y sin tratar de cambiar las cosas. Eventualmente, conforme maduro en este Trabajo, el cambio surgirá a partir de lo que es observado. Solamente en la medida en que maduro puede surgir el cambio, y surgirá como gracia de la práctica de la auto observación. Veré qué hacer y cómo hacerlo. Veré cuando la lucha es necesaria y para qué luchar. No es necesario luchar contra cualquier cosa. Veré por qué luchar y esto tomará poco a poco el lugar de lo que ya no es necesario.

Nothing Left

Nothing interests me anymore.
The days crawl by like
worms after a hard rain and
I can sit here on my screened porch
from dawn until dark, doing nothing
just watching the shadows move
from one tree to the other until
everything is bathed in a pale dark,
like my empty heart.
Sports used to interest me but they have
been completely corrupted by greed
and a brutal disdain for the fans.
The newspaper once held some hope for me
because of the funnies, but no more:
Calvin and his tiger were the last breath
of true madness and common idiocy
left in a waste of the simply stupid.
TV is one crushing bore after another
interspersed with deafening commercials
duller than the worst shows.
I sit here on my screened porch and
all of a sudden here she comes again.
Every day this beautiful woman with
long brown hair nearly to her gorgeous butt
comes walking. Today she has on tight shorts
and her legs are splendidly muscled, the
calves curved and bulging, the thighs
2 tapering pillars of tanned flesh so fine
I can almost feel the hairs with my lips
and then she is gone over the hill.
Where was I? Oh, yes
nothing interests me anymore.

(Red Hawk. *The Art of Dying*, 105)

No queda nada

Ya nada me interesa más.
Los días se arrastran como
gusanos después de una fuerte lluvia y
me puedo quedar sentado en mi terraza
del alba al anochecer, sin hacer nada
solo viendo moverse las sombras
de un árbol al otro hasta que
todo queda bañado en una pálida oscuridad,
como mi corazón vacío.
Hubo un tiempo en que los deportes solían interesarme
pero han sido corrompidos completamente por la codicia
y por un desprecio brutal hacia los admiradores.
El periódico en algún momento me dio esperanza
por las caricaturas, pero ya no más:
Calvin y su tigre fueron el último aliento
de verdadera locura y de comunal idiotez
que quedaba entre toda la basura de lo simplemente estúpido.
La TV es un aburrimiento tras otro
intercalado de ensordecedores anuncios
más aburridos que los peores espectáculos.
Me siento aquí en mi terraza cubierta y
de pronto allá viene ella de nuevo.
Todos los días esta hermosa mujer con
el cabello castaño y largo casi hasta su maravilloso trasero
pasa caminando. Hoy trae unos shorts apretados
y sus piernas están espléndidamente musculosas, las
pantorrillas curveadas y macizas, los muslos como
2 pilares afilados de carne bronceada tan finos
que casi puedo sentir su vello con mis labios
y de pronto desaparece detrás de la colina.
¿En qué estaba yo? Ah, sí
ya nada me interesa más.

(Red Hawk. *The Art of Dying*, 105)

12

Ver y sentir

La genuina honestidad con uno mismo, fruto de una dedicada práctica de auto observación, es la clave para romper el ciclo de la trampa mental.
(Lee Lozowick. Abundancia o miseria*, contraportada)*

Estamos tan condicionados a creer que cuando vemos un problema inmediatamente tenemos que "arreglarlo", y que una de las cosas más difíciles de este Trabajo consiste en observar sin interferir, sin juzgar ni cambiar lo que es observado. Baja tu espada y deja de pelear, oh cansado Viajero. El pelear es una trampa. Un "yo" pelea contra otro, un ser-dividido, y la locura es perpetuada sin fin. No hay fin a lo que debe ser "arreglado". Sigue y sigue. Pero como el instrumento biológico humano es creado por una inteligencia sabia, bondadosa y benevolente, viene con una sola herramienta operacional: la auto observación. Yo soy un idiota sin remedio y, sin embargo, hasta yo he aprendido lentamente a usar esta herramienta. Tu también puedes. Estamos hechos de modo que cualquiera que no esté permanente y orgánicamente dañado y arruinado, o clínicamente demente, puede recobrar su cordura y salud a través de un trabajo lento y paciente sobre sí mismo. Es hermosa la manera en que funciona. Es simple y sencillamente elegante de aprender y así crecer y madurar. Y la herramienta para aprender es la observación. Tengo que aprender a aprender. Una vez que aprenda a aprender, no hay límite ,"*no top end*" (Mister Lee Lozowick) a lo que puedo aprender, que tan lejos puedo ir, o lo que puedo obtener.

Hay en cada uno de nosotros, aun entre los peores entre nosotros, una bondad básica; es la naturaleza misma del ser. Venimos con ella a esta encarnación como humanos y reside latente y esperando emerger de su cobertura, solo necesita la invitación orgánica para emerger. Esa invitación es un cuerpo relajado, por dentro y fuera. La relajación interior es la ausencia de identificación, una no-interferencia pasivamente-activa con lo que es observado. Una vez que he llegado a este estado tras soltar el esfuerzo por "arreglar", entonces, sin esfuerzo, emerge mi bondad básica. Se convierte en el principio activo del instrumento biológico humano; es pasivamente-activa. Entonces el complejo-intelectual-emocional se vuelve pasivo en el interior.

El resultado es el surgimiento de la bondad básica que se manifiesta como una función más elevada del instrumento: bondad, generosidad, perdón, compasión y demás. Lo único que se requiere de mí, mi lugar en el esquema de la creación, es que yo vea y sienta mi estado interior tal como es, sin juzgarlo y sin tratar de cambiar lo que es observado.

El ver proviene del centro intelectual y es una de sus principales y fundamentales funciones. Para recordarme a mí mismo, para encontrarme, para colocar la atención en las sensaciones corporales y observar mis contradicciones sin identificación, se requiere del intelecto. El intelecto recuerda y dirige la atención, la posiciona y la mantiene. Ver es una de sus funciones y cuando la ejecuta, está en su lugar. Hay que entrenarlo para que conozca su función. Solo entonces puede servir eficientemente. Así como es ahora, está fuera de lugar, desperdicia enormes cantidades de energía en pensamientos innecesarios. Se roba la energía que se necesita para la auto observación para así mantener el flujo constante de parloteo y juicio. Todo lo que se requiere de él es que *vea* sin interferencia.

Del mismo modo, el sentir viene del centro emocional y es una de sus funciones verdaderas y fundamentales. Cuando se coloca la atención para ver mis propias contradicciones, el impacto de esto me causa sufrimiento. Esto es el sufrimiento voluntario y puede ser intenso. Simplemente necesito permanecer en él sin distraerme con el dinero, el sexo, el poder, la fama y las drogas. La única salida es atravesando. *Sentir* este sufrimiento es una de las verdaderas funciones del centro emocional y le permite aprender su lugar apropiado y acorde a la ley dentro del esquema corporal de la transformación de energía. La energía de sentir este sufrimiento es transformada en energía más fina y más elevada que puede ser utilizada por el cuerpo para la auto observación. Igualmente, tiene una función para alimentar a los centros superiores, o al Creador, lo cual es una de nuestras obligaciones como seres maduros –alimentar así como somos alimentados–. El señor Gurdjieff lo llamaba "la ley del mantenimiento recíproco"; es una función elevada del instrumento biológico humano, una función de un alma madura.

A partir de *ver*, surge la intención en el centro intelectual. Por sí sola la intención no puede actuar, pero sirve para enfocar al intelecto y despertar su inteligencia orgánica. A partir de *sentir*, surge el *deseo** en el centro emocional. Por sí solo el deseo no puede actuar, pero sirve para enfocar las emociones y despertar lo que se llama "atención-sentimiento". Ahora la atención surge en dos centros al mismo tiempo, y tomados juntos, la intención y el deseo se convierten en la semilla de la verdadera voluntad y de la habilidad de actuar. Cuando estos dos centros se combinan con la sensación corporal, la cual proviene del centro instintivo, ahora tengo tres centros trabajando armoniosamente y soy capaz de comenzar la verdadera voluntad, la habilidad de actuar: el propósito surge de la consciencia y de esta combinación de los tres centros trabajando juntos. Soy capaz de establecer lo que es necesario y requerido para mi trabajo, crear un propósito al cual dirigir el comportamiento, y seguir y mantenerme estable, en línea directa hasta completar este propósito. Esta es la función de la consciencia en un alma o ser maduro.

Mi tarea como alma en un instrumento biológico humano es pequeña, pero es crucial dentro del esquema de las cosas: se me pide *ver* y *sentir* las funciones del instrumento hasta el punto de la cordura y la salud, que es el trabajo armonioso de todos los centros en concierto, sin interferencia. Mi tarea es no interferir, no tratar de "arreglar" nada, no juzgar. Fácil de comprender, difícil de ejecutar. Se requiere mucho esfuerzo para llegar al "esfuerzo sin esfuerzo". Reposa en quien eres, cansado Viajero, y deja ya de pelear.

So What?

Your dog disappeared and never came back?
So what.
Your neighbor encroached on your property and
refused to correct it?
So what.
Your parents didn't love you?
So what.
You caught your mate in bed with your best friend?
So what.
Your husband died of a heart attack and
you have been told you have 3 weeks to live?
So what.
We are all born to die?
So what.
The human race is on the verge of extinction?
So what.
The atomic bombs are all in the hands of lunatics?
So what.

Everything is what it is,
exactly as it is; all meaning and all suffering
derive from judging it good or bad,
which is arbitrary, subjective, relative and
meaningless.
You completely and vehemently disagree?

So what.

(Red Hawk)

¿Y qué?

¿Tu perro desapareció y nunca volvió?
Y qué.
¿Tu vecino invadió tu propiedad y
se rehúsa a corregirlo?
Y qué.
¿Tus padres no te quisieron?
Y qué.
¿Pescaste a tu pareja en la cama con tu mejor amigo?
Y qué.
¿Tu esposo murió de un ataque cardiaco y
te acaban de decir que tienes 3 semanas de vida?
Y qué.
¿Todos nacimos para morir?
Y qué.
¿La raza humana está al borde de la extinción?
Y qué.
¿Todas las bombas atómicas están en manos de lunáticos?
Y qué.

Todo es lo que es,
exactamente como es; todo el significado y el sufrimiento
proviene de juzgarlo bueno o malo,
lo cual es arbitrario, subjetivo, relativo y
sin sentido.
¿Estás total y vehementemente en desacuerdo?

Y qué.

(Red Hawk)

13

Convertirse en un hipócrita

El tonto que sabe que es un tonto
Es tanto más sabio.
El tonto que piensa que es sabio
Es en verdad un tonto…
Por un tiempo la travesura del tonto
Sabe dulce, dulce como la miel.
Pero al final se torna amarga.
¡Y qué amargamente sufre!
(Buda. Dhammapada, *25,26)*

Una buena amiga, que está en el Trabajo, recientemente me escribió: "…me siento como una hipócrita furiosa, fuera de quicio…". Por supuesto que así se siente. No puede ser de otra manera. Esta es la señal de que *en mí, la consciencia* ha despertado. Y a menos que cambie de ruta y hasta que lo haga, el sufrimiento de la consciencia me torturará y me será insoportable. Muchos buscan cualquier tipo de distracción para no "sentir" este sufrimiento. Tradicionalmente, estas distracciones toman cinco formas: dinero, sexo, poder, fama, drogas (de todo tipo, incluyendo comida, relaciones basadas en el miedo, compras, tecnología de todo tipo, etc.). Cuando sufro a partir de la consciencia, la reacción del instrumento biológico humano –que es un instrumento mamífero– es simplemente luchar o huir. Es por esto que tenemos estas directrices en la práctica de la auto observación: no cambiar (luchar) lo que es observado ("visto") y "sentirlo" (no huir de ello).

Así como soy, cada vez que violo la consciencia, soy un hipócrita. Punto. Y debo permanecer en ese sentimiento. Debo sentirlo sin huir a través de una distracción. Debo sufrir voluntariamente. La carta de mi amiga fue escrita por quien siente *las pulsaciones de la consciencia que sufre*, aunque ella aun no sabe que eso es lo que siente ni porque es tan insoportable. Puede huir de ello, pero no se puede esconder de ello; no hay donde esconderse. Su consciencia se ha despertado, y ella sufre. Ella "ve" que es una hipócrita. Yo también. Yo que te escribo y te instruyo en esta práctica, sufro por mi hipocresía. No hay ningún otro sufrimiento como este. Es tolerable, solo apenas tolerable. Y esta pulsación del sufrimiento del Creador no juzga, no condena, simplemente sufre. Sufrirá hasta que yo logre corregir cualquier cosa que sea que haya yo hecho que causó este sufrimiento para empezar. En algún punto de mi desarrollo, es imposible ignorar este sufrimiento. No puedo descansar en paz hasta hacer bien las cosas.

El milagro de la consciencia es solo esto: todo lo que tengo que hacer es "ver" y "sentir". Esto es lo que hará el Trabajo interno de transformación. Lo está haciendo dentro de mí. Soy un testigo de sus acciones en mí como ser. Está llevando a cabo los cambios en mí, no yo. Yo no puedo cambiar. Pero puedo "ver" y "sentir" y, al hacerlo, puedo experimentar el sufrimiento voluntario. El resto es por ley.

Si la consciencia es Dios –y no tengo ninguna evidencia de lo contrario, ni razón para dudar de esta enseñanza– entonces cuando violo la consciencia en mí, lo que se me permite sentir es el sufrimiento del Creador. Este es un tipo completamente diferente de gracia, dada a aquellos que desean Trabajar y que lo hacen con gusto, de manera voluntaria. La puerta está abierta para que yo sienta las consecuencias de mi propio comportamiento respecto al Creador. Considera lo que esto significa para ti como ser humano.

Así que no desesperes. Continúa "viendo" y "sintiendo". Continúa observando. Sigue la ley, no dejes que nada se atraviese entre tu y la ley. La ley te transformará. Puedes confiar en la ley; la consciencia es la ley. Siempre y en toda circunstancia se puede confiar en ella. Amo su hipocresía porque comprendo lo que significa. Pero, dicho de un hipócrita a otro, me es mucho más fácil ver tu hipocresía que la mía.

Apenas hoy fui a mi oficina a trabajar en mi poesía. Le dije a mi esposa que me iría por unas dos horas. Pero cuando llegué, surgieron problemas con la computadora, el trabajo era mucho más detallado de lo que había anticipado y terminé pasando la mayoría del día allá, quizás seis-siete horas. Los trabajadores habían desconectado mi teléfono, así que no podía llamarla de mi oficina para avisarle. Nunca se me ocurrió ir a otra oficina, ni bajar a la oficina principal para llamarle. Cuando llegué a casa, ella estaba preocupada, alterada, dolida y enojada. Pero se sentó y me habló en un tono de voz equanime, haciendo hincapié en su deseo de que sus sentimientos sean considerados y de que yo sea un hombre de palabra, confiable y considerado. Yo estaba a la defensiva y ofendido, lleno de justificaciones para mis acciones. En ese momento defendí y excusé mi propia hipocresía, pero la consciencia estaba dando pequeñas pulsaciones constantes de remordimiento. Y yo sabía que ella estaba en lo correcto. Muy pronto me disculpé.

Su respuesta fue que yo no lo decía en serio porque no lo sentía. Esto era solo medio-correcto. Ella tenía razón en que yo no tenía ganas de disculparme. Yo tenía ganas de arremeter en mi defensa y vengarme por haber sido expuesto. Este era un "yo" muy conocido en mí, un "yo" fácilmente ofendido, hostil, frío, vengativo y bruto, sin ningún respeto por el Trabajo ni por los demás, solo deseoso de tener razón y desquitarse. Así que eso había en mí. Al mismo tiempo, había en mí el propósito de hacer lo correcto, sin importar como me sintiera ni que humor hubiera en mí. Estaba comprometido con la práctica de hacer lo correcto, funcionando desde la bondad básica, aun cuando no tuviera ganas. Sí me disculpé en serio, aunque en ese momento no tenía ganas de disculparme, tenía ganas de vengarme. Lo dije en serio aunque no lo sentía. Mi punto es sencillo: *has lo correcto aunque no tengas ganas*. De este modo yo lidio con mi propia hipocresía. Este fue un momento de otro tipo de recuerdo de mí: en medio de un cierto humor (un pequeño "yo" interior) me encontré a mí mismo, manejé mi cuerpo y recordé mi propósito. La disposición de mi esposa de hablar sobre el incidente disparó en mí el deseo de recordar el Trabajo y actuar acorde. Este es un caso donde el nivel de una persona y su respuesta honesta me ayudaron a comportarme de una mejor manera, a partir de la bondad básica. ¿ Y si ella no lo hubiera hecho? No sé; no preguntes.

Easier To See A Mote In Your Neighbor's Eye

A gifted spiritual Teacher asks
if I will perform a simple task
with His people in Little Rock.

I think I did a fine job, so it's a shock
when I get a stern rebuke from my Master
who tells me what I did was a disaster,
no matter how many were helped, how many renewed,

because I did it with the wrong attitude;
the operation was a success, I reported with pride,
overlooking the fact that the patient died:
I helped them to see their Attention was weak,
but was arrogant when I needed to be gentle and meek.
The right thing done for the wrong reason
is doomed like the rose which blooms out of season.

(Red Hawk. *Wreckage*, 73)

Es más fácil ver la paja en el ojo ajeno

Un talentoso Maestro espiritual me pidió
si podía yo hacer una sencilla tarea
con Su gente en Little Rock.

Yo creo que hice un buen trabajo, así que es una sorpresa
cuando recibo una severa reprimenda de mi Maestro
quien me dice que lo que hice fue un desastre,
sin importar cuantos fueron ayudados, cuantos fueron renovados,

porque lo hice con la actitud incorrecta;
la operación fue un éxito, informé con orgullo,
ignorando el hecho de que el paciente había muerto:
les ayudé a ver que su Atención era débil,
pero fui arrogante cuando necesitaba ser amable y suave.
La acción correcta realizada por la razón incorrecta
está condenada como la rosa que florece fuera de temporada.

(Red Hawk. *Wreckage*, 73)

14

El sufrimiento voluntario

El buscador debería ser capaz de reconocer sus faltas sin identificarse con ellas. Debe ser capaz de controlar su naturaleza animal a través del esfuerzo mental y de la examinación de la consciencia.

(E. J. Gold. The Joy of Sacrifice, 118)

Si quieres saber lo que es el sufrimiento verdadero en contraposición al sufrimiento mecánico creado por el condicionamiento, comienza la práctica de auto observación sin juicio. Este sufrimiento que emerge de la auto observación sin juicio es conocido en el Trabajo como "sufrimiento voluntario". Por supuesto, es voluntario porque nadie puede obligar a otro a observarse. ¿Cómo podría? Yo debo, por decisión propia, por mi elección comenzar a observarme sin juicio. Y una vez que lo hago, comenzaré a sufrir de una nueva manera. Y es este sufrimiento en mi lo que creará un nuevo órgano en mi interior que es conocido en el Trabajo como consciencia. Una vez que uno ha desarrollado suficientemente la consciencia, uno es llamado "renacido", el "hombre nuevo". Ya nunca más podré tener la misma relación que tuve anteriormente con mi mundo interior, o con el mundo exterior. Ahora soy capaz de cargar, voluntariamente, un poco del sufrimiento del Creador, para aliviar al Creador de un poco de Su carga. Soy capaz de "levantar mi propia cruz y cargarla", como sugiere Mateo 16:24. Cuando un humano comprende este Trabajo desde su propia experiencia –no a partir de lo que otros han dicho– entonces comenzará también a comprender los Evangelios de un modo nuevo. Cargar tu propia cruz es alegría, pero no la alegría como la conocemos ahora.

Estamos explorando aquí los medios con los cuales un humano se recupera de la herida del corazón. Nadie ha escapado de tales heridas, nadie. Ni siquiera Jesús escapó de ellas. ¿Tu crees que lo has logrado? Es Jesús, en la tradición cristiana, quien demostró el poder del sufrimiento voluntario. Esto también se conoce como sufrimiento consciente, por que es el resultado directo de un humano haciéndose más consciente a través de la práctica de la auto observación. El primer nivel de consciencia es ser consciente de uno mismo. Esto es lo que la auto observación hace para mí; me lleva a un nivel de consciencia de la humanidad donde me vuelvo consciente de mí. La humanidad común y corriente es inconsciente, mecánica, en piloto-automático, criaturas de hábito de naturaleza mamífera, que todavía no están en el nivel del ser humano.

Las personas que despiertan la consciencia de sí en ellas mismas han llegado al primer nivel de lo que significa ser un ser humano. Ya no estoy más en el nivel de la humanidad común y corriente. Ahora el sufrimiento de un nuevo tipo entra en mi vida por que yo *veo* cada vez más claramente el ser dividido, mi naturaleza fragmentada, y yo *siento* lo que esta locura me hace. Por lo tanto, sufro. El sufrimiento es el gran motivador en la vida humana. Cuando hay placer, me vuelvo automático, manteniendo el status quo. Pero cuando entra el dolor, estoy construido de forma tal que me alejo del dolor. El sufrimiento me motiva a Trabajar, a hacer el esfuerzo, a ver más para encontrar mi camino al placer a través del sufrimiento.

El sufrimiento voluntario surge del horror de *ver* el ser dividido sin la protección de tantos *buffers*. Me veo a mí mismo como soy, no como siempre he pretendido ser. Me veo sin mentirme. La honestidad surge en mí y también la humildad, como subproducto de la auto observación. Todas las virtudes que las grandes tradiciones religiosas han fomentado, comienzan a despertar en mi a partir de la matriz de mi bondad fundamental.

El sufrimiento voluntario produce en mi virtud, pero no es el tipo de engreimiento que es tan obvio en aquellos que presumen de su virtud en público. Del engreimiento surgen los peores comportamientos humanos, horrores inimaginables, guerra y violencia de todo tipo. No. El ser consciente de sí tiene una virtud silenciosa, escondida de la vista porque surge con humildad. Veo lo que soy. No pretendo ser de otra manera. Hablando de mí, veo que soy un mentiroso, presumido, arrogante, engreído, sabelotodo, un ladrón, un tramposo, lujurioso, ambicioso, tacaño, cruel, insensible, vanidoso, justiciero –¿necesito continuar? ¿Ves como tu y yo somos iguales? Todos somos manejados por el ego, y de esto está hecho el ego–. Cuando comienzo a ver honestamente esto en mi, sin juicio, sencillamente como son las cosas en mi, el sufrimiento voluntario comienza y este sufrimiento es transformador, a diferencia del sufrimiento de la humanidad común y corriente. Es este sufrimiento el que despierta a la bondad fundamental, a la inteligencia orgánica, y a la consciencia. Aun si mi punto ciego es el odio a mí mismo, como es mi caso, y su mensaje es "no sirvo para nada", aun así, lo que surge en mi para mi gran maravilla y asombro, es la bondad fundamental. Yo me convierto fundamentalmente en bueno a pesar de mi infierno personal creado por el ego.

Para mi, esto es la gracia. Nuestro Creador es bondad, es amor, es consciencia, es atención. El pone atención en mí por que permanece en mí, en cuanto ser. El es atención y El es lo que pone la atención en mi interior. Y por Su gracia, surge la humildad. ¡Gracias a Dios! La humildad es un bálsamo para el sufrimiento. Es el embrión de la verdadera consciencia. La humildad es la verdadera belleza. Surge cuando he pagado por ella, no antes. Surge como un flujo natural de bondad fundamental y es el resultado de una auto observación paciente, sin juicio, honesta y sincera. ¿Puedes ver el milagro que es esto? Quizás puedas ver la belleza de esto. La gracia asombrosa salva a un desgraciado como yo. Pero este "salvado" no es el resultado de una experiencia única en la que yo declaro ser de tal o tal tipo y de ahí en adelante, sin importar mi comportamiento, estoy en un estado de gracia. No es de eso de lo que aquí hablamos. Yo pago con sufrimiento voluntario y soy recompensado con gracia. Es momento tras momento.

Nada necesita ser "arreglado" aquí. Solamente nos es dado ser testigos del Trabajo de nuestro Creador. Una vez que asumo mi lugar justo en relación con mi Creador –como testigo– entonces el Creador hace el resto. Mi tarea es observar sin juicio, "sin hacer", y dejar el resto a mi Creador. El Creador es gentil y bueno. Pero, El no va a interferir, nunca, por ninguna razón. El no Se impone, no insiste ni es agresivo, de ninguna manera. Aquellos que desean imponer agresivamente su religión en los otros son inconscientes, como yo. No tiene sentido juzgarlos o a mi, pero sufrirlos como me sufro a mí mismo, silenciosa y pacientemente, sin muestra ni queja. El sabio guía con el ejemplo, como se trata a sí mismo y como a los otros, no solo con palabras. Algo sumamente inusual en este mundo ocurre en la persona consciente de sí misma: sus palabras y acciones coinciden. El sufrimiento voluntario es llamado en la tradición Cristiana, el "Camino de la Cruz".

Humbled By Love

You say you had a father once
and though you wished he were a prince
he turned out to be a shameful dunce,
a hopeless idiot bereft of common sense

whose behavior would shame a wild boar?
Well I am one like that, a man whose fear
wounded my daughters. Men like me adore
our children, though we tremble at our

ignorance, are foolish and without grace
in our devotion. But slowly what is gross
in us gives way to the child's fearless embrace
the way a barren plain yields to lush grass.

Though in his arrogance the proud man stumbles,
worship of his child ennobles as it humbles.

(Red Hawk. *The Art of Dying*, 50)

Vuelto humilde por el amor

¿Dices que una vez tuviste un padre
quien aunque deseabas que fuera un príncipe
resultó ser un vergonzoso zopenco,
un idiota inútil carente de sentido común

cuyo comportamiento avergonzaría a un cerdo?
Bueno yo soy uno de esos, un hombre cuyo miedo
hirió a mis hijas. Los hombres como yo adoran
a sus hijos, aunque nos estremecemos ante nuestra

ignorancia, somos estúpidos y desprovistos de gracia
en nuestra devoción. Pero lentamente lo que es burdo
en nosotros cede ante el abrazo sin miedo del niño
como la llanura estéril cede a la hierba frondosa.

Aunque en su arrogancia el hombre orgulloso tropieza,
la adoración de su hijo lo ennoblece y hace humilde.

(Red Hawk. *The Art of Dying*, 50)

15

El despertar de la inteligencia
Pensar fuera de la caja

Estar fuera de equilibrio es mi mayor ayuda si tan solo me doy cuenta de ello y veo que "yo" no puedo equilibrarme a mi mismo. Este deseo egoísta al cual me aferro es solo la continuación de lo que me mantiene fuera de equilibrio. Esto debe ser comprendido de una forma nueva. "Yo" no lo puedo hacer por mí mismo, y mientras me apegue al deseo de estar equilibrado, el desequilibrio continua. Lo repito, solo cuando estoy desbordado, cuando no puedo enfrentar la situación, puede surgir algo totalmente nuevo que me ayude a comprender lo que es realmente requerido.

(Michel de Salzmann. Material for Thought, *14, 12-13)*

El despertar de la inteligencia sucede en un ser humano cuando yo finalmente realizo que yo no puedo cambiar por mi mismo, es imposible. Estoy atrapado en un círculo, un ciclo recurrente, una caja. Se necesita ayuda y usar el pensamiento para escapar de la caja es imposible. No es posible pensar fuera de la caja. Si estoy pensando, estoy siempre y solo en la caja. La mente misma es la caja. La mente es una computadora binaria. Esto significa que solo puede pensar de un modo: por asociación, comparación-contraste, esto sí-y esto no, blanco-negro, bueno-malo, me gusta-no me gusta. Siempre y solo piensa por comparación, por asociación; es una computadora, así su única función es almacenar información del pasado, de lo que ya es conocido. Lo que yo llamo "pensar" es solo la función de la memoria de la mente examinando sus contenidos, que es el pasado almacenado como memoria. Y el único propósito de la memoria es repetir sus contenidos y mantener sus patrones. Solo tiene una función: pensar. No puede hacer nada más. Así que naturalmente busca convencerme que pensar es lo más importante que puedo hacer y que si no pienso en todo, todo el tiempo, me moriré. En cuanto logre convencerme de la importancia crucial del pensamiento, estoy identificado y ella está en control. Toda nuestra sociedad, y el sistema educativo que la refleja, está creada alrededor de la importancia crucial de la mente.

No puedo salir de la caja pensando. Cuando pienso acerca de Dios, o del infinito, o de lo que sea, estos son conceptos y están dentro de la caja: Dios existe dentro de la caja; el infinito existe dentro de la caja. De hecho, cada cosa que puedes nombrar o pensar está dentro de la caja. Ve si puedes internalizar esto intuitivamente, sin pensar acerca de ello. Todo lo que conoces está dentro de la caja. Si lo conoces y lo puedes nombrar, está dentro de la caja. Lo que está fuera de la caja es la categoría de las cosas desconocidas, que es la realidad. Esto incluye el amor que no puede ser conocido, hablado o comprendido. Le damos un nombre por conveniencia pero no es lo que hemos nombrado. Nombramos a Dios por conveniencia pero no es lo que hemos nombrado. El gran maestro Jesús dijo, "Dios es amor" pero él sabía muy bien que ambos términos eran absurdos y sin significado, solo palabras, no el objeto en sí. Sin embargo, tenía que hablar a idiotas, pequeños niños inconscientes como yo, así que usó un lenguaje simple y claro para instruirnos, que es lo que el Trabajo nos enseña a hacer. Reducirlo a términos simples de modo que nuestros minúsculos cerebritos infantiles puedan comprender lo que estamos destinados a hacer aquí.

Por lo tanto, para movernos fuera de la caja, necesito comenzar a comprender el universo de una nueva manera, no a través de la actividad del centro intelectual. El centro intelectual debe volverse pasivo, alerta, receptivo; debe permanecer en la modalidad de "yo no se", orgánicamente ignorante. Este es el despertar de la inteligencia. Suena contradictorio, paradójico: para que la verdadera inteligencia despierte en mi, el intelecto debe volverse ignorante. Ve si puedes comprender intuitivamente lo que esto puede significar. La auto observación leal durante un largo periodo de tiempo me traerá al estado de "yo no se". Solo entonces puede funcionar la verdadera inteligencia. Antes de esto, todo lo que se, todo lo que está almacenado en la memoria como conocimiento, bloquea el funcionamiento de la inteligencia. La verdadera inteligencia proviene de fuera del cuerpo, de los centros superiores, y viene en la forma de intuición e inspiración, funciones superiores de lo intelectual y lo emocional.

Cuando la mente está en silencio y receptiva –no puede ser receptiva mientras cree que sabe y parlotea todo el tiempo– entonces el modo de *aprehensión* de la realidad fuera de la caja es la *experiencia directa*; el modo de *comprensión* fuera de la caja es la intuición, y el modo de *expresión* fuera de la caja es la inspiración. Estos son los modos de la verdadera inteligencia. El hemisferio derecho es meramente el receptor, el cual, una vez sintonizado con las frecuencias superiores, recibe la información de los centros superiores. La mente silenciosa y el corazón en paz al mismo tiempo, actuando como uno en armonía, reciben la sabiduría. Para que esto ocurra, lo que se requiere de mí es "no hacer". Esto es, debe haber una rendición del pensamiento aleatorio, mecánico en el centro intelectual y de la identificación con las emociones del centro emocional. La meditación es el método más antiguo, científico y confiable para hacerlo. La auto observación sin juicio ni interferencia es sencillamente meditación en acción. Así, hago la distinción crucial entre pensar, que siempre y solo es dentro de la caja, y la comprensión directa de la realidad, que es fuera de la caja.

La verdadera inteligencia es el despertar del canal abierto entre corazón/mente y los centros superiores de modo que yo pueda recibir sabiduría. No viene de mi, sino que es recibida por mi. La sabiduría está disponible a todos, pero a un precio: el precio es la rendición de todo lo que pienso que se y el salto al abismo, a lo desconocido. Esto no es lógico. La lógica me ha llevado hasta aquí y no puede llevarme más lejos. La lógica argumentará que solo ella me puede llevar en la dirección correcta, hacia lo que es lógico. Esto es lógico, pero no inteligente. Si la lógica pudiera resolver los problemas de la humanidad, lo hubiera ya hecho hace muchos miles de años.

He dado dos definiciones muy útiles de locura en este libro que, tomadas juntas, dan una visión clara de mi situación: 1) repetir el mismo comportamiento una y otra vez y esperar resultados diferentes; 2) un ser dividido. Ahora agrego a este panorama una tercera definición de locura: 3) no confiar en la realidad. Esto es obvio en los que están clínicamente locos, no confían en la realidad, pero no es tan obvio en mi propio comportamiento hasta que me haya observado a mi mismo con gran paciencia, honestidad y sinceridad. La inteligencia es saber en que se puede confiar y en que no. Solo la auto observación paciente y estable revelará lo que es confiable en mí. Yo confío en la percepción de la realidad de la mente basada en su programación, *pero solo ve lo que valida sus programas*, una porción diminuta de las impresiones recibidas, y el resto lo rechaza.

Lo que me enloquece, cuando veo el absurdo del mundo tal cual es, es el esfuerzo para comprender y dar sentido a un mundo loco, lo que significa pensar en él. Todo es de acuerdo a la ley. Esto es todo lo que necesito comprender. No necesito comprender el "porqué" o los "asegunes" de las cosas. Este pensar sobre ello me vuelve loco. En lugar de pensar en ello, la inteligencia encara la realidad sin preconceptos, ni expectativas o juicios y acepta lo que es, tal cual es. Entonces responde adecuadamente a ello pues es guiada por la intuición y la inspiración. Hace lo que se necesita y se quiere. De otro modo, no interfiere.

Pensar no puede resolver el problema de mi vida porque el pensar es el problema. Pero si expone el problema. La mente está activa por que se le ha pedido hacer lo imposible: ser el amo y estar en control. Tarea imposible. Así se sienta detrás de las cortinas del Mago de Oz y lanza una cortina de humo de pensamientos continuos que crean la ilusión de que estoy en control de mi vida y de la realidad. Puedo ir por la vida como un robot habitual, mecánico, inconsciente, sonámbulo, un mamífero que encaja en la manada, en cualquier manada, en algún lugar. Puedo seguir haciendo las mismas cosas de la misma manera sin tener que pensar por mi mismo.

Cuando uso la palabra "pensar" no la uso en la manera ordinaria. Es un "orden superior" de pensamiento que no depende de la lógica o razonamiento lineal para su comprensión. La mente no puede comprender. Todo lo que puede hacer es nombrar y almacenar información a través de la asociación para usarla cuando se le requiera. Entonces, la pregunta: ¿tiene la mente algún uso práctico? Por supuesto: 1) observar; 2) resolver problemas técnicos en el presente; 3) comunicarse con los otros; 4) servir a la atención y a la inteligencia; 5) alinearse con el corazón. Este es su lugar y en su lugar es una herramienta increíblemente eficaz. El complejo- intelectual-emocional no está destinado a gobernar. Cuando se le pide gobernar, su gobierno es tiranía y violencia de todo tipo, en todos los niveles. Está destinado a ser un sirviente leal de los centros superiores, un receptor, como en una computadora. El hecho de que las computadoras se hayan apoderado de nuestro mundo te dice algo sobre nosotros y sobre la mente que las creó a su imagen.

I Keep A Different List

My neighbor counts his losses and his gains,
but i keep track of raindrops when it rains;
he makes note of coins and dollar bills
while i am watching ants upon their hills;
while he is in the office making money,
i go out among the bees to gather honey,
and when he comes home tired and goes online,
i am in the back yard drinking wine.
My wife and i sit in the gathering dark
and watch the lightning bugs and bright stars spark
until we disappear, are covered up with night,
while my neighbor plots his life by computer light.

(Red Hawk)

Llevo una lista diferente

Mi vecino cuenta sus pérdidas y ganancias,
pero yo miro las gotas cuando llueve;
él lleva la cuenta de monedas y billetes de dólares
mientras yo veo a las hormigas sobre su hormiguero;
mientras el está en la oficina generando dinero,
yo voy entre las abejas a recolectar miel,
y cuando llega cansado a casa y se conecta en internet,
yo estoy en el patio trasero tomando vino.
Mi esposa y yo nos sentamos en la oscuridad creciente
y vemos a las luciérnagas y a las estrellas brillar
hasta que desaparecemos, cubiertos por la noche,
mientras mi vecino planea su vida a la luz de la computadora.

(Red Hawk)

16

El choque-del-ser

Cuando la intensidad es tal que no puedes negar la muerte de la mente neurótica y la vida y libertad de la mente del Trabajo, entonces estás en una posición en que puedes dar un paso…
Realmente no reconocemos el hecho de que no tenemos opción. Estamos totalmente esclavizados por la mente neurótica: cada respiración, cada palabra de nuestra boca, cada gesto. No podríamos ser libres aun si nuestras vidas, si las vidas de nuestros hijos, dependieran de ello. No podríamos. No tenemos opción –no podemos ser libres–. No podemos tomar la decisión consciente. No podemos hacer un gesto libre. Cuando comprendemos esto, el horror y la repulsión son tan sobrecogedores que estaremos forzados a escoger la mente del Trabajo.
Somos obligados a ver que estamos total y absolutamente desprovistos de opciones cuando somos dominados por nuestra psicología, y este choque es el que nos impulsa a elegir la mente del Trabajo…

(Lee Lozowick. In: Young, As It Is, *156)*

Solo un gran choque podrá penetrar al nivel del ser. Y este choque debe ser acumulativo, el resultado de años de auto observación honesta y sin juicio. Mirada tras mirada se acumula como agua goteando sobre piedra. Es esta acumulación homeopática de información lo que me lleva finalmente a realizar que soy algo más que este continuo despliegue de hábitos intelectuales, emocionales y físicos. Algo es posible más allá de esta vida basada en el miedo. Una vez que el ser aprende como aprender, a través de la observación simple y constante, encuentra una fuente de alimento real en esta práctica que satisface su profunda hambre de verdad. Anhela la verdad y solo puede ser alimentado y crecer con una dieta constante de lo que es verdadero. Y el contraste entre lo que es verdadero y lo que me dice el complejo-intelectual-emocional y que manifiesto en mi comportamiento cotidiano es la fuente del sufrimiento verdadero. La experiencia directa se convierte en mi maestro, no la acumulación de sistemas de creencias, de conocimiento prestado y de las experiencias de otros que están almacenadas en mi memoria como si fueran el ser, en el que creo y por el que he dado mi vida sin cuestionarlo.

El contraste entre lo que me dice la memoria, el pensador, y la experiencia directa me lleva eventualmente a cuestionar toda autoridad, especialmente la autoridad del complejo-intelectual-emocional. Lentamente, comienzo a confiar en la realidad que observo más que en la realidad que me proporciona el complejo-intelectual-emocional, el cual niega mi bondad fundamental y crea un mundo de miedo, todo para mantener la ilusión de seguridad y control.

Cualquiera que practique la auto observación fielmente, sin juicio, sin cambiar lo que es observado, con despiadada honestidad sobre sí mismo y en un cuerpo relajado, tarde o temprano llegará al punto del horror. Está garantizado. Es la ley. Ha sido mi experiencia. Esto es lo que llamo el "choque-del-ser" y es abrumador. Veo que soy un completo e inútil esclavo de mi psicología y que esto nunca cambiará. Lo único que puede cambiar es mi relación con lo que es observado: *sin identificación.*

Los hábitos, los patrones representados una y otra vez desde la infancia, funcionan en mí despiadadamente sin considerar el efecto que tienen en mi vida, mis relaciones, y mi bienestar. Nunca tendrán fin; nunca cambiarán; nunca se detendrán. No les corresponde detenerse; algo diferente en mí debe de parar. Ver esto es verdaderamente el horror. Y es este horror el que despierta al ser de su parálisis inconsciente, en la que ha estado desde que la vida lo abrumó siendo un niño pequeño. Cuando niño, estaba obligado a obedecer a una definición de la realidad que estaba en contradicción directa con mis sentimientos, mis sentidos y con lo que yo comprendía intuitivamente. La falta de obediencia significaba la pérdida del amor. Ahora, después de años de auto observación, me doy cuenta, llegado este momento crucial y determinante, de que si no me hago responsable de mi vida, mis pensamientos, mis emociones, mis hábitos, y de las funciones del instrumento biológico humano, entonces iré a mi muerte esclavizado e identificado con mi locura. Viviré la vida de un mamífero y moriré la muerte de un perro. Algo debe parar. Ahora está muy claro que el complejo-intelectual-emocional no parará. La única posibilidad es que mi identificación con él cese, "cold turkey"[6] como lo ha llamado el señor E. J. Gold.

Los hábitos son como una cinta continua que se repite al infinito en el complejo- intelectual-emocional. Esta

6. Cold turkey: literalmente "pavo frío", expresión que hace referencia a la interrupción abrupta de la dependencia al consumo de una droga resultante en una experiencia dolorosa. Se habla de síndrome de abstinencia al cortar de tajo. (N. del T.)

repetición es usada por el laberinto (= complejo-intelectual-emocional) para capturar y consumir la atención, de la que se alimenta para mantener su vida y su ciclo. Sin mi identificación, el laberinto no puede mantener esta cinta continua. No puede representar sus programas. La memoria, el pensador, el hemisferio izquierdo del cerebro, es una computadora electroquímica programada para repetir sus patrones. Sencillo. Toda su existencia está construida alrededor de este propósito: mantener, preservar y repetir sus patrones. Lo único que puede cambiar en este ciclo es mi relación con él : *no-identificación* con sus patrones y con mi punto ciego = odio hacia mí mismo. *La identificación puede parar.* Esta es la elección de un ser consciente. El único "progreso" posible es ver y sentir a la repetición mientras sucede = auto observación sin juicio ni identificación. Cuando lo he visto lo suficiente, comienzo a comprender que nunca va a cambiar, se irá a la tumba repitiendo sus programas y consumiendo la atención. Cuando comprendo esto no solo intelectualmente sino también con el centro emocional, cuando no solo lo *veo*, sino que lo *siento* profundamente –el horror y el impacto del horror– entonces puede suceder lo que se llama "choque-del-ser", en el cual el ser inconsciente, que duerme en el interior, se pone al frente y ocupa su lugar correcto en el instrumento biológico humano y asume la responsabilidad de su aprendizaje y de su vida. Mientras el ser no es consciente de si mismo, no puede ver lo que lo está consumiendo. Si lo veo, no tengo que serlo. Pero primero tengo que verlo 10,000 veces o más antes de que comprenda que yo no soy los patrones que estoy observando: este es el despertar de la inteligencia.

El choque-del-ser no es un cambio sencillo, es un movimiento hacia otro nivel de la existencia, a otra realidad;

es un cambio en el ser donde el Trabajo se convierte en el principio activo, y la psicología y las funciones del cuerpo, principalmente las incluidas en el complejo-intelectual-emocional, se vuelven pasivas, a la espera de servir. Cuando el Trabajo es el principio activo, emerge la bondad fundamental. Surgen las virtudes. El ser asume la responsabilidad de domar y entrenar al mamífero, una función que hasta entonces había sido llevada a cabo por el maestro. El choque-del-ser solo sucede cuando tanto la inteligencia como la consciencia se han despertado en el ser. Cuando la inteligencia se ha despertado, veo claramente lo que se necesita y se quiere y comprendo las implicaciones de lo que veo. Tomo decisiones inteligentes. Cuando la consciencia se ha despertado, puedo sentir profundamente el impacto del horror por que he sido sensibilizado por la consciencia para sentir el sufrimiento. Ya no estoy anestesiado. Cuando el sufrimiento de la consciencia alcanza la masa crítica entonces el choque del horror tiene el efecto de despertar al ser. Esto es transformador. Me vuelvo consistente y confiable cuando esto sucede por que ya no soy manejado por el hábito sino por la atención a lo que es necesario y requerido en el momento presente. Comienzo a comportarme adecuadamente, ya no manifiesto emociones inadecuadas. Ahora, el dominio de los estados de ánimo y de las funciones corporales es posible por que el complejo-intelectual-emocional se ha transformado de amo a dispuesto sirviente. El pensamiento innecesario ya no domina a la cabeza-cerebro. A esto se le llama "parar el mundo" en las antiguas tradiciones chamánicas.

La belleza de este choque-del-ser en transformación es que el ser que emerge de su escondite es sencillo, sin complicaciones. No es malicioso ni retorcido. No está dividido, es una entidad unitaria. Confía en la realidad por que es real. No repite sin fin los mismos cansados y usados patrones disfuncionales, los hábitos o patrones inviables. Es una presencia y funciona en el presente eficientemente. Es un ser humano. Está cuerdo.

The Simple Life, No Call-Waiting

No cell phone, no caller id, no call-waiting, no
cable, no Tivo, no computer, no Ipod, no
blueberry, no notepad, no laptop, no
riding mower, no leaf blower, no weed eater,
no digital clock, no air conditioner, no new car;
I live in another country, a different century.

I ride my 3-speed bike to work, because
it helps Earth and eases the body more gracefully
into its dying; it makes body work hard and
it likes to work, likes to do sweat-labor despite
the avalanche of labor-saving technology whose function
is to drain us of our life force.

I write by hand in a notebook because
I like to see where I've been, follow my tracks back
through the snow to where I started, see how things
work out on the page, where I went wrong,
how to begin again, nothing deleted.
I don't want to know who's calling or

who has called. I've lived 65 years and I have
never gotten a phone call that made a difference.
If you reach me, that's fine but if you don't
nothing is lost.
Most people are slaves.
That's the way they like it.

After all the years of heartbreak and disappointment,
of treachery and betrayal, are you so far gone
that you believe the next phone call will be the one
that saves you? When Death comes for you,
you can't say, Would you mind holding?
I've got a life on the other line.

(Red Hawk)

La vida simple, sin llamada en espera

Sin celular, sin identificador de llamadas, sin llamada en espera, sin
cable, sin Tele, sin computadora, sin Ipod, sin
blueberry, sin notepad, sin laptop, sin
podadora, sin soplador de hojas, sin eliminador de hierba,
sin reloj digital, sin aire acondicionado, sin coche nuevo;
vivo en otro país, en un siglo distinto.

Voy al trabajo en mi bicicleta de 3 velocidades por que
ayuda a la Tierra y le facilita al cuerpo la transición con dignidad
hacia su muerte; hace que el cuerpo trabaje duro y
le gusta trabajar, le gusta el trabajo que hace sudar a pesar
de la avalancha de tecnología para ahorrarnos trabajo cuya función
es drenarnos de nuestra fuerza de vida.

Escribo a mano en una libreta porque
me gusta ver donde he estado, volver sobre mis huellas
a través de la nieve hasta donde empecé, ver como salen las cosas
en la hoja, donde me equivoqué,
cómo comenzar de nuevo, sin borrar nada.
No quiero saber quién llama o

quién ha llamado. He vivido 65 años y nunca
he tenido una llamada que haya hecho una diferencia.
Si me encuentras, está bien, pero si no,
no se ha perdido nada.
La mayoría de la gente son esclavos.
Así es como les gusta.

Después de tantos años de dolor y decepción,
de engaño y traición, ¿estás tan perdido
que crees que la siguiente llamada telefónica será la
que te salve? Cuándo la Muerte venga por ti,
no podrás decir, ¿Le importaría esperar?
Tengo una vida en la otra línea.

(Red Hawk)

17

El cambio de contexto
No hacer

La intención del Trabajo es generar libertad en nosotros. Solo hay una manera en que se puede generar libertad en nosotros y eso es escogiendo la mente del Trabajo sobre la mente neurótica. Debe ser una elección consciente, y la única manera en que hagamos una elección consciente, completamente consciente, es viendo a la mente neurótica en su totalidad, en su muerte. Verla por lo que es –vacía de toda substancia, vacía de toda posibilidad, vacía de toda creatividad, vacía de todo sentimiento humano genuino, vacía de corazón, vacía de mente, vacía de todo excepto de su propio impulso mecánico de supervivencia–. Eso es. Hasta que lo vemos de esa manera, hasta que veamos nuestras vidas, nuestro amor por nuestros padres, nuestra ansia por la satisfacción sexual, nuestro gusto por la buena comida, nuestro amor por la buena música –hasta que lo vemos todo como nada, absolutamente nada más que esclavitud mortal y mecánica de la mente neurótica– nunca escogeremos el Trabajo.

(Lee Lozowick en: Young, As It Is, *157)*

> *...La mente del niño... tomó ciertas decisiones sobre su mundo o sobre la realidad con base en la inteligencia de un niño, la comprensión de un niño, las expectativas y las proyecciones de un niño. Esa mente crece, como todos sabemos, hasta consumirnos totalmente. Esa mente nos posee. Nos identificamos con esa mente como si fuera nosotros. Tarde o temprano en este Trabajo tenemos que romper con esa mente, limpia y definitivamente... –todos sus elementos, todas sus identificaciones, sus esperanzas, sus sueños, sus deseos, y su moral...– cada uno de los elementos de esa mente debe ser cortado. Literalmente debemos dejar de funcionar a partir del contexto de esa mente. (155)*

El dominio del complejo-intelectual-emocional depende de la continuidad del pensamiento. Rompe esa continuidad y su dominio cesa por que el juicio cesa. Lo que sucede cuando esta continuidad es rota es un "cambio de contexto". Ya no opero a partir de una definición establecida de la realidad, sino que a partir de la realidad misma. Opero a partir de lo que es, exactamente como es, no a partir del significado dado por el complejo-intelectual-emocional. Esto implica la aceptación de la realidad sin el deseo de cambiar nada. Implica la no-interferencia con lo que es. Recibo mis señales de la experiencia directa de la realidad en el momento, no de la memoria que es el pasado, o del pasado proyectado hacia delante, que es lo que la memoria llama futuro. Vivo en lo desconocido, en la ignorancia orgánica, que es inteligente ya que está en contacto directo con la fuente de la sabiduría, sin ninguna interferencia por parte de la memoria. La memoria es útil para recordar, para resolver problemas técnicos, y para la comunicacióncon los demás. Así que no se abandona. Simplemente encuentra su lugar de acuerdo a la ley. Deja de ser el amo y se convierte en lo que estaba destinado a ser: un leal sirviente dirigido por una fuerza distinta de su propio contenido. Esa fuerza es el ser. El ser emerge como el principio activo solo cuando cesa su identificación con el complejo-intelectual-emocional. A ese punto, cuando la memoria piensa, no hay un movimiento interior para acercarse o alejarse del pensamiento; este movimiento para acercarse o alejarse del pensamiento es la identificación. En cambio, cuando surge el pensamiento hay un equilibrio estable, una quietud, ausencia de movimiento. En la tradición chamánica este cese de movimiento para acercarse o alejarse del pensamiento es llamado "no hacer".

El cese del movimiento manda una señal directa al Creador. En las tradiciones antiguas se le llama "La Invitación". Lo que entra –solo al ser invitado– es un flujo de información proveniente de los centros superiores que son la fuente de la sabiduría. Algunos dicen que estos centros son externos, pero directamente conectados al instrumento biológico humano, pero yo no estoy seguro de esto. Lo que sí parece claro es que la conexión directa con estos centros es la consciencia. La consciencia es el centro emocional transformado en centro del sentimiento. La consciencia recibe información directa de estos centros en forma de intuición e inspiración. La intuición es una forma fundamentalmente diferente del pensara partir del centro superior intelectual; lo ve todo al mismo tiempo, la totalidad de la situación, su pasado, presente y futuro. Así es capaz de informar en una forma que incluye lo desconocido, mientras que la memoria siempre y solo puede actuar a partir de lo conocido. Esta no puede conocer lo que no ha sucedido todavía, por lo tanto siempre opera a partir del pasado y es el pasado. Esta es la limitación del pensamiento.

La intuición opera en una escala diferente y a partir de un contexto diferente. También lo hace la inspiración. La inspiración es una forma fundamentalmente diferente de sentir; de hecho, es sentimiento y no emoción. Es importante comprender la diferencia –intenta si puedes intuir la diferencia sin tener que pensar en ella–. Las emociones son limitadas porque su función está limitada a medir el peligro en el ambiente. Consisten en enojo, tristeza, alegría y miedo, y están albergadas en el centro emocional. El enojo y el miedo no son lo mismo que la rabia y el terror, los cuales están albergados en el centro instintivo y conforman lo que se llama el instinto de supervivencia. El enojo y el miedo son la sombra de estas dos emociones primales.

Cuando el centro emocional es transformado, se convierte en el centro del sentimiento y es el asiento de la consciencia. Es entonces un canal para el centro emocional superior. La inspiración proviene del centro emocional superior o, como prefiero llamarlo, el centro superior del sentimiento. Esto hace la diferencia más clara. A diferencia del pensamiento que proviene de la memoria la cual opera linealmente y paso a paso, la inspiración me da todo el cuadro en su totalidad de una vez, no por separado ni dividido en pedazos y pasos. Opera como un círculo completo, no como una línea recta.

A diferencia de la memoria, la cual solo puede operar o "pensar" a partir de lo conocido, la intuición y la inspiración operan y son funciones de lo desconocido. Así, son capaces de brindar información totalmente inaccesible al pensamiento, imposible de acceder para el pensamiento. A lo largo de la historia de la humanidad es común que los grandes inventos, las revelaciones, y los descubrimientos sucedan "en un flashazo de inspiración". En tales momentos, mujeres y hombres fueron capaces de ver todo el panorama con claridad. Y generalmente aparece en la forma de una imagen o cuadro. Fue así que Crick vio a dos serpientes entrelazadas e intuyó la doble espiral del ADN. Einstein se vio a sí mismo viajando en un cohete a la velocidad y al lado de la luz e intuyó la Teoría General de la Relatividad.

Ahora bien, esta es la belleza del-complejo intelectual-emocional, el cual no es el enemigo ni es culpable, sino que simplemente está efectuando las funciones para las que está programado a desarrollar, como lo haría cualquier computadora. Una vez que hay un cambio de contexto interior, la función de este complejo es traducir lo que es recibido como intuición e inspiración a un lenguaje e imágenes que pueden ser compartidos con otros: comunicación. Los escritores de los Evangelios, del *Dhammapada*, del Bhagavad Gita, y del Tao Te Ching estaban comunicando la sabiduría recibida a través de la intuición y la inspiración y traduciéndola en lenguaje de forma que pudiera ser comprendida y compartida con otros. Pero está claro que estos escritores comprendían las limitaciones del lenguaje en este aspecto. Lao Tsu nos advierte inmediatamente, en las primeras líneas del *Tao*:

> El Tao que puede ser contado no es el Tao eterno.
> El nombre que puede ser nombrado no es el nombre eterno.
> Lo que no tiene nombre es el principio del cielo y la tierra.
> (Tao Te Ching. *Sutra 1)*

Lao Tsu está describiendo el cambio de contexto y al mismo tiempo nos advierte contra el ser seducidos por las palabras. Todo apunta a la primacía de la experiencia directa sobre el conocimiento ganado a través de las palabras. Así, aunque su sabio consejo es útil y valioso, no me absuelve de ninguna manera de encontrar la verdad por mí mismo. Debo verificar lo que se me dice a través de mi experiencia directa. La experiencia más sencilla y directa proviene de la auto observación. Esta práctica me llevará, por ley, al cambio de contexto por que gradual y pacientemente me revela la contaminación programada en el complejo-intelectual-emocional. Toda contaminación es simplemente pensamiento innecesario y emoción inadecuada acompañados por tensión en el cuerpo que siguen patrones habituales a lo largo del mismo camino neuronal (cerebro) y nervioso (sistema nervioso central)previamente andado y llegando siempre a las mismas soluciones inútiles e inaplicables = locura. ¿Porqué reaccionar ante esto? ¿Qué caso tiene? Simplemente hay que reconocer, comprender, permitir y regresar a la tarea en curso con la atención reenfocada en el cuerpo.

Cuando haya llegado al punto de agotamiento, a una crisis nerviosa, y a la desesperación, solo entonces consideraré un cambio en el contexto desde donde observo mi vida y el mundo. Este cambio nos lleva directamente a traspasar nuestra contaminación. Finalmente, mi atención debe regresar a casa: en y sobre el cuerpo. Entonces la atención ha encontrado su verdadero lugar y su función propia. Entonces la práctica de no-hacer emerge.

Todos operamos instrumentos dañados, dañados por nuestras infancias, nuestras experiencias de vida, y por la forma en que nuestros primeros cuidadores programaron nuestro complejo-intelectual-emocional. Estoy entrenado a ver el mundo solo a través de esos programas, así que mi contexto para ver el mundo es su contenido. Esta es una visión del mundo extremadamente limitada y basada en el miedo. Lo que se requiere de mí para vivir una vida más plena, más completa y más satisfactoria es que el contexto a partir del cual me veo y veo esta vida cambie.

Este cambio solo puede ocurrir a través de la comprensión y del conocimiento de mí mismo de modo más consciente: ya no llevado por el hábito, mecánico, en piloto automático, sino con compasión y objetividad. La objetividad significa que me veo a mí mismo honestamente, que me conozco y comprendocon claridad, y que estoy dispuesto a tomar una total y madura responsabilidad por lo que veo y siento. La auto observación provee la información vital con la que puedo hacerlo. En su ausencia, cualquier cambio que trate de hacer solo será como disparar en la oscuridad, confundiendo la parte con el todo y estará destinado al fracaso. Si lo veo y lo siento, no tengo que serlo. Si no estoy dispuesto a verlo, no tengo opción.

La auto observación con compasión simplemente significa que dejo de juzgarme y solo veo y siento aquello que surge. El juicio es la trampa en la que caigo cada vez y no es productivo, útil o compasivo. Es duro, rígido, y me mantiene atrapado en un ciclo sin fin de acción y reacción. A menos que una tercera fuerza intervenga en este ciclo de acción-reacción, ningún cambio sustancial es posible. Esa tercera fuerza es la auto observación y su misma existencia es un cambio sustancial. Todo lo demás se acumula a su alrededor como limaduras de metal a un imán. La auto observación atrae la ayuda; es una fuerza de atracción fundamental en el universo. Me permite operar con más eficiencia y más objetividad en el campo del complejo-intelectual-emocional. Es el salvador. Es la consciencia conociéndose a sí misma, aprendiendo a aprender y a crear, mientras minimiza el daño que produce. Es amor objetivo en proceso de devenir.

Often The Greatest Help Is Not-Doing

After blowing several obvious chances
to help my Guru, once by His direct request,
finally my prayer was to be of some use to Him,
no matter how small or seemingly insignificant.
Like nearly everything my mind imagines, nothing
unfolds in the way i had it figured.
Because i loved her sweet voice and
the way she bled out the tunes which
Mister Lee wrote for her, i was inspired
to write some torch songs, some blues
for her, which i did.
None of them amounted to much, but
i took them to Mister Lee and told Him
what i was up to. He said,
Writing songs is one of the few things
which gives me real pleasure.
That is all He said. He
did not ask me not to do it, did not say
that to do so would rob Him
of one of His few pleasures;
no plea, no justification, no excuse, but
in that moment i saw my opportunity,
the thing i had prayed for.
Without regret of self pity,

i never wrote another song.

(Red Hawk)

A menudo la mejor ayuda es no hacer nada

Después de desperdiciar varias oportunidades obvias
de ayudar a mi Gurú, incluso una a Su solicitud directa,
al final mi plegaria era ser de utilidad para Él,
sin importar cuan pequeña o aparentemente insignificante fuera.
Como casi todo lo que mi mente imagina, nada
sucede como me lo había figurado.
Porque amo su dulce voz y
la manera en que se desgaja al cantar las canciones
que Mister Lee escribe para ella, me inspiré
para escribir algunas canciones de amor, algunos blues
para ella, y lo hice.
Ninguna de ellas valía mucho, pero
se las llevé a Mister Lee y Le dije
lo que pretendía. Dijo,
Escribir canciones es una de las pocas cosas
que me da verdadero placer.
Esto es todo lo que El dijo. El
no me pidió que no lo hiciera, no dijo
que el hacerlo Le robaría
uno de Sus pocos placeres;
sin alegato, sin justificación, sin excusa, pero
en ese momento vi mi oportunidad,
por lo que había estado rezando.
Sin lamentación ni autocompasión,

nunca volví a escribir otra canción.

(Red Hawk)

18

El venado y el cazador

Para separarnos del nivel asociativo, necesitamos contactar con energías más sutiles. La parte alta de la cabeza está llena de energía sutil –ahí, ahí está el silencio–no hay palabras–no hay lucha.
Cuando el sentimiento de mí mismo se conecta con las energías más sutiles, éstas se concentran. Esta energía nunca debe ser usada para nada que no sea mi mundo interior. El mundo exterior no la necesita.
Poco a poco, y es un proceso largo, conservo un poco de estas energías más finas. Las reúno y trato de no derramarlas. Entonces se pueden cristalizar y no mezclar con las energías burdas. Es lento, se requiere paciencia, pero es la única manera para lograr un cambio en el centro de gravedad.
(Henriette Lannes. Inside A Question, *201)*

Así, llego de manera lenta y muy natural, gentil y pacientemente, a la práctica de la presencia radical: lo que esto significa simplemente es que mi esfuerzo y mi práctica es estar presente en el cuerpo, momento a momento, y regresar a la presencia en el cuerpo en el momento en que lo recuerdo, cada vez durante el día y la noche (a veces hasta durmiendo, aunque no es a menudo, pero a veces –y a veces me despierta de mi sueño, como anoche a las 4 de la madrugada, dándome una información que tuve que levantarme y anotar para que no se perdiera–). Esto es inspiración. Es comunicación del centro intelectual superior con el instrumento humano biológico. Llega rápida y clara. Seguro que conoces esta experiencia tranquila de recuerdo de sí mismo y de regreso a casa.

Para facilitar esta práctica, puedo sugerir lo siguiente: cuando estés leyendo este libro o cualquier otro, pero especialmente cuando se trata de literatura acerca de la sabiduría: mantén tu columna vertebral derecha y ambos pies en el piso (mientras estás leyendo esto) lo cual facilitará un cierto nivel y tipo de auto observación y recuerdo de sí. Para estar radicalmente presente a la presencia interior, al ser esencial,se requiere que la atención sea enfocada en la sensación corporal (centro instintivo) donde la atención está anclada y arraigada, el estar presente a la presencia interior es lo que llamo "la práctica de la presencia radical". Yo prefiero la atención centrada en la frente o en lo alto de la cabeza, otras escuelas la colocan en el ombligo, el plexo solar, o el centro del corazón. Esto depende del propósito de la escuela y la enseñanza. El Señor Sri Krishna instruyó a su devoto Arjuna de este modo:

> Aquel que deja al cuerpo con la mente inmóvil y llena de devoción, por el poder de su meditación, al reunir entre sus cejas toda su energía vital, alcanza al Supremo. (Bhagavad Gita, 79)

Pero quizás a excepción del ombligo (donde se localiza el centro instintivo), todos estos centros están contaminados en mí. El centro en medio de la frente y el de la coronilla, o el chakra de la corona, son claros y objetivos en mí y me permiten funcionar de modo eficiente y claro y capturar las impresiones energéticas (estas son el flujo continuo de energía vital proveniente de lo Alto, el cual entra en el instrumento biológico humano por el chakra de la corona y circula por todo el instrumento, o bien es capturado y consumido por varios centros contaminados para sus propias obsesiones) .En el momento en que estas impresiones-energía entran en el instrumento, donde hay una evaluación objetiva y donde la guardia-atención está apostada y permanece quieta,observando la totalidad del instrumento sin acercarse ni alejarse de la energía que ha entrado: está intencionalmente atenta y *no identificada.* Una vez estén limpios de contaminación, los otros centros también pueden dar una visión objetiva. El resultado es un uso muy eficiente del influjo de energía que es continuo. No se alimenta a los contaminantes a través de la identificación (= yo soy eso) y por lo tanto la contaminación es contenida, usada creativamente, no juzgada ni condenada, ni confrontada, no es alimentada para desarrollar nuestro drama psico-emocional, y la contaminación por sí misma se vuelve muy útil como "factor interno de recuerdo" para aferrarnos a nuestros propósitos: limpiar, aclarar, practicar, observar, relajar el instrumento. Un espacio sin juicio, "seguro" se crea en el interior, en donde la contaminación se puede albergar y permanecer, sin diseminarse en todo el instrumento. Cuando no es juzgada sino que se le da un espacio interior, la contaminación lentamente se purifica.

Un instrumento relajado es un cuerpo no contaminado. Cada contaminación, sin importar el tipo o el contenido, produce tensión en el cuerpo y en cualquier punto donde exista esta tensión, el influjo de impresiones de energía se detiene *en ese punto preciso*, donde es capturado y consumido por el complejo-intelectual-emocional. El resultado es que el flujo de energía en el instrumento está severamente comprometido, la contaminación está siendo alimentada con su propio tipo de alimento, y el ser es privado de su verdadero alimento. El ser se muere de hambre y la contaminación se fortalece.

Sin embargo, en la práctica de la presencia radical, es la contaminación la que se convierte en alimento para el ser, a través de la auto observación sin juicio ni tratar de cambiar lo que es observado. Así como un polluelo dentro del cascarón se alimenta de la yema –su única fuente de nutrición– el ser se alimenta del ego, la contaminación es el ego, y lenta, lentamente, el ego/contaminación es consumido. Lo que queda entonces es el ser no obstruido por el ego y no contaminado por el hábito.

Lo que se requiere para que este proceso se realice es que la atención permanezca inmóvil (= no identificada) mientras las impresiones de energía penetran por el chakra de la corona (en lo alto de la cabeza). Cualquier movimiento interior en este momento es identificación. Y a través de ésta la atención es capturada y consumida. Se puede comparar la atención al venado escondido en el bosque cuando se acerca el cazador. El venado permanece absolutamente quieto y escondido, sin moverse, mientras el cazador busca su presa. Como el venado no revela su posición moviéndose, el cazador sigue de largo buscando otra oportunidad. Como el venado en el bosque, cuando el laberinto lanza sus redes a través del pensamiento, emoción o postura física, si la atención no se mueve, no interfiere, no hace ningún movimiento para acercarse o alejarse, y mantiene el foco en la sensación, entonces el laberinto es incapaz de capturar y usar la atención para cumplir con su agenda; los múltiples "yoes" surgen y desaparecen sin acción ni reacción. La atención no se identifica con ellos y éstos se encuentran sin poder, porque no tienen energía propia. Ellos necesitan la energía de la atención para poder actuar. Pero cuando el venado no se mueve y no revela su posición, el cazador pasa de largo.

La atención no identificada es lo que en algunas escuelas se llama "atención libre" y es esta "atención libre" la que es uno de mis propósitos más profundos. Una "atención libre" está libre de contaminación. Libre de identificación. Es libre de escoger, libre de permanecer quieta. Y el Salmo 46:10 instruye: "Quédense quietos y reconozcan que Yo Soy Dios". Quédate quieto y reconoce, o muere como un perro. La elección es de uno. Si respiro en el ombligo y relajo el cuerpo sin interferir con las impresiones energéticas que entran, permito al cuerpo asumir su función superior como un aparato transformador de energía (como el señor E. J. Gold lo ha llamado); transforma la energía de las impresiones energéticas entrantes en una energía de cualidad más fina. Así, la energía alimenta al Creador en lugar de alimentar al ego.

Imaginemos que alguien lastime mis sentimientos y detone en mí el instinto de supervivencia: luchar o huir. Lo que hace esta simple (pero no fácil) práctica es esto: en lugar de tratar de cambiar el hábito –que es el resultado de un juicio, sino ¿por qué tendría el deseo de cambiarlo?– simplemente comienzo a darle espacio dentro de mí, de manera que el instinto de supervivencia (luchar o huir) tenga lugar para generar su natural, biológica y genéticamente programada respuesta. Le doy espacio cuando el otro me lastima. Y al hacerlo, ya no hay conflicto –y por consiguiente no hay tensión innecesaria en el cuerpo–. Ahora la lucha es para algo. ¿Para qué? Para poder lograr una atención objetiva y dar una respuesta tranquila, razonable, bondadosa a la persona que me ha lastimado (a partir de su miedo del amor, que es al menos igual a mi propio miedo del amor). Así, la contaminación se convierte en mi aliado; se convierte en un "factor interno de recuerdo" que me lleva inmediatamente a mis propósitos interiores: atención consciente, bondad, generosidad, perdón, trabajo duro. La respuesta luchar-huir me *recuerda* ser bondadoso y perdonar, me llama a la atención consciente. Así que, en lugar de hacer de ella el enemigo (tratando de cambiarla, combatiéndola) la he transformado en mi aliado y compañero en el Trabajo interior. Ahora ya no hay un combate loco dentro de mí. Hay cooperación, comunicación entre los centros, trabajo interior armonioso del instrumento biológico humano por el bien del amor y por el bien del otro. Esto es amor no egoísta, amor objetivo. Y no depende de un sentimiento, aunque puede que el sentimiento de amor esté presente, pero a menudo no lo está cuando el otro me lastima. En cambio, este tipo de amor objetivo depende únicamente del compromiso y de la práctica. Por lo tanto es confiable y consistente, no sujeto a la tiranía del humor. El humor es como un cazador buscando un venado. Si el venado permanece quieto, inmóvil, el cazador sigue de largo. Cesa de identificarte con lo que no eres y el cazador no tendrá más municiones, y tu sufrimiento llega a su fin.

Love Is Not A Feeling
(for Smitty)

Love is not a feeling,
it is a commitment etched in stone.
But belief in the feeling sends us reeling
from one failure to another; we end up alone,

broken and cynical. Love is not a feeling,
it is a reliable daily practice.
No matter what I feel, I am not concealing
it, but letting it be. She may be prickly as cactus

and not at all easy on the eye,
the feeling may be disgust,
or let us say she is most lovely
and the feeling is lust; both turn to dust,

still the commitment to practice is steady,
doesn't depend on whether I'm feeling ready.

(Red Hawk)

El amor no es un sentimiento
(para Smitty)

El amor no es un sentimiento,
es un compromiso grabado en piedra.
Pero el creer en el sentimiento nos lanza
de un fracaso a otro; terminamos solos,

destrozados y cínicos. El amor no es un sentimiento,
es una práctica diaria y confiable.
Sin importar lo que siento, no lo oculto,
lo dejo ser. Ella puede ser tan espinosa como un cactus

y nada agradable a la vista,
el sentimiento puede ser repulsión,
o digamos que es lo más hermosa
y la emoción es lujuria; ambas se convierten en polvo,

aun así el compromiso de practicar es constante,
y no depende de si me siento listo.

(Red Hawk)

19

El despertar de la consciencia
Cargar mi propia cruz

La consciencia depende esencialmente de la comprensión del sufrimiento objetivo.
Lo mínimo que se nos pide que seamos capaces de hacer como hombres completos es soportar las manifestaciones desagradables de los otros hacia nosotros y los demás sin resentimiento, sin reaccionar ante el daño que se nos hace, y tener compasión por aquellos cuya naturaleza es más poderosa que su ser.
(Œ. J. Gold, The Joy of Sacrifice, *99)*

Enséñame a sentir el dolor del otro,
A esconder la falla que veo;
Que sea misericordioso con los otros
Que conmigo misericordiosos son.
(Alexander Pope. 1688-1744)

Lo primero, y más importante, que se debe comprender sobre el camino de auto observación – sin juzgar ni tratar de cambiar lo que es observado – es esto: el camino de auto observación es un camino del despertar de la consciencia. Esto es, si yo continuo observándome a mí mismo honestamente, el tiempo suficiente, la consciencia despertará en mí; esto es por ley y es inevitable. Es un subproducto de la auto observación honesta.

Una vez que la consciencia ha sido despertada en el instrumento biológico humano, ¡ay de mí! porque ahora sabré lo que el sufrimiento consciente (voluntario) es en realidad, y mi sufrimiento tendrá una dimensión totalmente diferente de lo que he conocido hasta ahora. Deliberadamente, despiadadamente, cruelmente, servilmente iré en contra del pequeño, callado *sentimiento* en mí que es la consciencia (es equivocado llamar a la consciencia una "voz" *porque no habla*; es un sentimiento y por eso sufre). Y la consciencia nunca se impone, nunca es agresiva, insistente, intrusiva, violenta, crítica o juzgadora. Simplemente pulsará su sufrimiento cuando es violada y seguirá sufriendo en pulsaciones de sentimientos a menos que, y hasta que, yo corrija mi rumbo y enmiende algo o resarce alguien que haya perjudicado.

Una vez que la consciencia despierta en mí, sufre cada vez que es violada. Y este sufrimiento es de una magnitud de un nuevo nivel, al cual no estoy acostumbrado. Es un sufrimiento insoportable que no puede ser ignorado. No pide ni condena. El solo sufre, y profundamente.

Nuestra práctica es hacer dos cosas con este sufrimiento: verlo y sentirlo. Punto. No hay necesidad de cambiar nada en nuestro interior: solo veo y siento mi violación de la consciencia. Esto no significa que no actúo exteriormente para corregir mis errores. Lo hago. Y entre más rápido pueda hacerlo, más pronto el sufrimiento en mí es aliviado. Lo que queda entonces es la herida, que la consciencia debe llevar por mi comportamiento. Esto es conocido en las escuelas antiguas como "la herida de amor". En el cristianismo esotérico, se le llama, "cargar su propia cruz". Esto significa que ya no requiero que Dios o el Gurú sean mi consciencia exterior y sufran mis errores por mí. Ahora que la consciencia ha despertado en mí, soy capaz de ver mis errores, corregirlos, sufrirlos y confiar en la guía interna de la consciencia. Esto es confiar en la realidad. Esta es la recuperación de la cordura en mí.

¿Qué es la consciencia? Los Maestros han sugerido que la consciencia es la línea directa de comunicación con la mente y el corazón del Creador; el cristianismo esotérico ha sugerido que la consciencia es la conexión directa con los centros superiores emocional e intelectual, que residen en la Fuente o Creador; mi experiencia parece validar este punto de vista. Otras escuelas antiguas dicen que la consciencia es Dios; yo no tengo una razón vivencial para dudar de este enfoque. Otros han dicho que la consciencia es el Espíritu Santo; otros más han sugerido que la consciencia es el alma despierta, o el despertar del ser; algunos en el cristianismo esotérico lo han llamado "la Ascensión de Cristo"; y finalmente, están esos maestros quienes han llamado al despertar de la consciencia "el despertar de la consciencia objetiva".

Como sea que comprendas este fenómeno, es lo más real que un humano en el Trabajo pueda experimentar. La consciencia despierta es la parte en mí en la que puedo confiar. Totalmente, siempre y en todo. La consciencia es incapaz de mentir. Es lo que los Sufís llaman el Verdadero Amigo interior: es la fuente de ayuda real y la guía en el camino. Es la ayuda que el Creador da a cada alma en su jornada hacia la unión con la Fuente.

Este fenómeno surge por ley a partir de la práctica persistente y consistente de auto observación sin juicio ni intento de cambiar lo que es observado. Debo ver y sentir mi comportamiento, tanto dentro como fuera de mí. El "deseo" y la "intención" juntos pueden despertar a la consciencia. Y eventualmente, muy lentamente, lo que surge en la consciencia de la combinación de "deseo" e de "intención" es el propósito. El verdadero propósito proviene de la consciencia.

Con él tengo un aliado. Ahora, cuando mis tendencias habituales internas surjan, día tras día, momento tras momento, al mismo tiempo aparecerá el propósito, la meta. De hecho, en cierto momento, estas tendencias habituales internas cambian y se convierten en un "factor de recuerdo" interno para recordarme de mi propósito. Así, la debilidad y las fallas son transformadas en fieles sirvientes de mi Trabajo; son traídas a mi *círculo de Trabajo** interior. Ya no peleo más contra ellas ni trato de cambiarlas, sino que tal como son, sirven a mi propósito y me ayudan. Alimentan la consciencia, lo cual le permite desarrollarse, crecer y madurar. En el mundo del chamán, el aliado es una entidad burda, deforme y aterrorizadora con enorme poder. ¿Puedes ver como esto es una analogía que aplica a nuestra más profunda "falla" o punto ciego? Capturar su poder y alinearlo con mi Trabajo es un asunto de poder, lo que llaman un "pase mágico" en términos chamánicos. La auto observación es la herramienta.

De hecho, toda enseñanza que dice que estas cosas dentro de mí, las que juzgo y combato, son "fallas" y "debilidades", es una enseñanza errónea. Cada una de las personas que has conocido, sin excepción, tiene estas "fallas". El Creador nos las ofrece como regalos. ¿Porqué? Sencillo: para ayudar el despertar de la consciencia. Sin ellas, no llegaría uno a valorar lo que la consciencia ofrece. No desarrollaría un "deseo" o una "intención" interior. No tendría la fuerza para la transformación. Son regalos, no fallas. Es allí donde se almacena la energía del ser, a la espera de ser liberada a través de la sencilla práctica de ver y sentir su efecto en mí y en los que amo.

Aun una consciencia del tamaño de una semilla de mostaza –la más pequeña, microscópica traza de la mente y el corazón de nuestro Creador– puede convertirse en la fuerza más poderosa en el instrumento biológico humano. ¿Quieres un milagro? ¿Qué estás dispuesto a pagar para vivir *en lo milagroso*? Esta semilla de mostaza es el milagro de la mente y del corazón del Creador colocados en el instrumento biológico humano. Pero tienes que pagar para recibir. Y el sufrimiento voluntario es la única moneda que tenemos en nosotros para poder pagar –se convierte en la moneda más preciosa de mi bolsa –. Así que cuando los Evangelios enseñan, "Un cierto *mercader* [hombre del Trabajo, rh] vendió *todo lo que tenía* [sus yoes y sus motivaciones, rh] *para comprar una perla de gran valor* [la consciencia, rh]" esto es lo que significa. Solo un hombre desesperado, un hombre que ha sufrido "el terror de la situación" durante años y años, que haya sido llevado a tal extremo, está dispuesto a entregar todo lo que tiene al Creador, a cambio de esta semilla de mostaza, esta "perla de gran valor". ¿Comprendes?

La consciencia es el Creador en mí, el canal directo de comunicación con la mente y el corazón del Creador; así, cuando violo la consciencia, es el sufrimiento del Creador el que siento –como resultado directo de mis acciones. El Creador voluntariamente y sin queja soporta mis violaciones y sufre sin queja. Solo cuando asumo la responsabilidad de mis pensamientos, emociones, palabras y acciones, el sufrimiento causado por mis acciones da sus frutos. Ya no estoy cómodo siendo la causa del sufrimiento de mi Creador. Punto. Así que actúo enseguida cuando me doy cuenta de que estoy desalineado, para mantener mi consciencia limpia.

Dejar de violar la consciencia, se vuelve un ulterior significado de la expresión "levantar mi propia cruz y cargarla". Ya no le pido al Creador que sufra por mis pecados (el único pecado es ir contra la consciencia); en cambio, me convierto en un ser responsable. Hago como me instruye la consciencia para evitar que sufra mi Creador, para evitar el insoportable, terrible sentimiento de ese sufrimiento. En ese punto, haré cualquier cosa para evitar la enormidad de este sentimiento, incluyendo madurar, incluyendo hacerme responsable de mi propia vida en lugar de culpar a otros y hacer sufrir a otros por mi insensibilidad, inseguridad e inmadurez. En ese punto, dejo de ser solo un mamífero para convertirme en un ser humano.

Y cuando sí hago sufrir a mi Creador, lo que siento dentro de mí se llama "remordimiento de consciencia". Este remordimiento viene de lo Alto, es un regalo y me transformará. Lo he visto. Tengo la experiencia de ello. El remordimiento es un agente transformador ofrecido por la consciencia al instrumento biológico humano.

Ahora, he aquí un secreto, escondido profundamente en este libro de modo que sólo aquellos que han pagado habiendo leído hasta este punto lo encuentren. Es una práctica del Trabajo que alimenta la consciencia y la ayuda a crecer. Solo aquellas almas que han madurado al punto del despertar de la consciencia comprenderán la necesidad de dicha práctica o sentirán el valor de dedicarse a ella. Es una práctica del Trabajo maduro, de alto nivel, y como tal, requiere mucho de uno. Produce sufrimiento de un nivel y tipo totalmente diferente pero sus recompensas son también de un nuevo nivel de magnitud; soy recompensado con un diferente nivel de relación con los demás. Se crea un nuevo nivel de confianza, tanto interna como externa. ¿Te interesa esta práctica? Entonces he aquí como el Trabajo enuncia esta práctica:

> Soporta las manifestaciones desagradables de los demás sin queja ni muestra exterior; soporta el daño que te hagan sin respuesta del mismo tipo. En otras palabras: haz a los demás lo que quieras que te hagan a ti; ofrece la otra mejilla.

Quizás puedas ver porqué es una práctica avanzada, únicamente posible con la ayuda de la consciencia. Es impensable para una persona ordinaria, quien ni siquiera puede imaginar por qué hacer algo así sería beneficioso.

Pero tú que has leído hasta aquí en el libro, quizás intuyas las profundas implicaciones de esta práctica avanzada del Trabajo, tanto para el alma en desarrollo como para aquellos con quienes estoy en relación. Me pide cosas extraordinarias: que venda todo lo que poseo. A cambio, la irritación o fricción interior que produce, desarrolla en mí una "perla de gran valor". ¿Puedes intuir la necesidad y el valor de esto? Esto provee un nuevo y diferente sentido a la frase, "cargar mi propia cruz". ¿Qué vale esto para ti? ¿Estás dispuesto a vender tus quejas, tus chismes, tu negatividad, tu venganza y justificada ira, para poder comprar los servicios de la Consciencia, del Ángel Guardián?

Esta práctica es difícil para mí, pero el origen de la dificultad quizás te sorprenda. No son los amigos, colegas o aun los extraños los que ponen a prueba esta práctica en mí, aunque todos lo hacen, por supuesto. No, es con mi esposa, a quien amo profundamente, y con aquellos que son más cercanos a mí con los que más batallo para morderme la lengua y contener mis juicios y enojo. Así que esta practica me da mucho Trabajo. Pero la valoro profundamente y estoy feliz de luchar por ella, no en contra de mis hábitos, sino que por esta perla, por la ayuda que provee el Ángel Guardián. Solo con su ayuda hay esperanza para una persona. Es mi deseo y oración más profundos seguir a mi consciencia, siempre y en todo. Este es mi propósito.

Más aún, como ahora hay en mí una semilla de mostaza de consciencia, no sistemas de creencias tomados prestados de los demás, sino algo que es *todo mío por que pagué por ello* –deseo vender todo lo que poseo para comprar esta perla de gran valor– ahora sufro muy intensamente, sufro de un modo totalmente nuevo y a un nivel totalmente diferente. *Y este sufrimiento alimenta la consciencia.* Inclusive ahora no hay necesidad de cambiar nada de lo que observo. La consciencia lo cambiará todo, en su propio y adecuado modo y momento; yo no puedo cambiar nada y si trato de hacerlo haré un desastre, como siempre.

Tom Kills A Rabbit

Tom was my wife's father. One time
he told me how on his 8th birthday
he got a bow and 6 arrows.
He set up the straw target in his yard

and shot at it for hours until he tired of it,
then set up some smaller, more difficult things,
a can, a piece of paper nailed to a tree,
an old shoe on a log. He was good and

in 3 days or so he tired even of these.
He wanted something more, something lively,
something that would run from him;
he wanted to kill something.

he went into the woods and the first thing
he saw there was a small rabbit frozen in place.
He drew and fired, sent the arrow clean through
the rabbit's body, but it did not die at once;

instead the arrow drove into the ground,
pinning the rabbit there.
Legs churning furiously, it could only spin
wildly around the arrow, blood flowing, its eyes

wild, luminous and hurt.
Tom stood frozen, transfixed with horror and
when he looked up at me his eyes
were hurt like that rabbit's.

He put he bow down, never went back for it.
He was a big man, and that story made him so
for me, how he shot an arrow in the woods
and it pierced his own heart.

(Red Hawk)

Tom mata un conejo

Tom era el padre de mi esposa. Una vez
me contó que en su 8vo cumpleaños
le dieron un arco y 6 flechas.
Colocó en su jardín un blanco de paja

y le disparó por horas hasta que se aburrió,
entonces colocó cosas más pequeñas y difíciles,
una lata, un pedazo de papel clavado a un árbol,
un viejo zapato en un tronco. Era bueno y

en 3 días más o menos también de esto se aburrió.
Quería algo más, algo vivo,
algo que huyera de él;
quería matar algo.

Se fue al bosque y lo primero
que vio fue un pequeño conejo pasmado de miedo.
Desenvainó y disparó, mandó la flecha directo
a través del cuerpo del conejo, pero este no murió enseguida;

en cambio, la flecha se hundió en el suelo,
clavando ahí al conejo.
Las patas agitadas frenéticamente, él solo podía girar
salvajemente alrededor de la flecha, la sangre fluía, sus ojos

enloquecidos, luminosos y heridos.
Tom se quedó helado, transfigurado de horror y
cuando me miró, sus ojos
estaban heridos como aquellos del conejo.

Dejó el arco, nunca volvió por él.
Él era un hombre grande, y esta historia lo hizo grande
para mí, de cómo disparó una flecha en el bosque
que traspasó su propio corazón.

(Red Hawk)

20

Los centros superiores

El hombre por sí mismo no puede convertirse en un hombre nuevo; son necesarias combinaciones internas especiales... cuando dicha materia especial se acumula en cantidades suficientes, puede comenzar a cristalizarse, como la sal comienza a cristalizarse en el agua si más de una cierta proporción es agregada a ella. Cuando una gran cantidad de materia sutil se acumula en el hombre, llega un momento en que un nuevo cuerpo puede formarse y cristalizarse en él: el "do" de una nueva octava, una octava superior. Este cuerpo, a menudo llamado astral, solo se puede formar a partir de esta materia especial y no puede llegar a ser de forma inconsciente. Bajo condiciones ordinarias, esta materia puede ser producida por el organismo, pero es utilizada y desechada.

(G. I. Gurdjieff. Views From the Real World, *202)*

El amor incondicional, el cual es amor consciente, no opera bajo leyes mecánicas sino bajo las leyes del comportamiento consciente. Proviene de los centros superiores y es un acto de gracia; es el Creador penetrando totalmente, de acuerdo a la ley, y solo por invitación, en el instrumento biológico humano. Es el cansado Viajero volviendo a casa, convirtiéndose en quien realmente es por derecho: consciencia ilimitada sin principio ni fin. En este punto el ser hace la declaración de unión: "Yo soy Eso" o "Yo y el Padre somos Uno". Es una escala y nivel de amor totalmente diferente, con un conjunto independiente de leyes. Por ejemplo, una ley del amor consciente es esta: El amor incondicional engendra la misma respuesta en el otro. Yo he visto esta ley en acción bajo la forma del gurú. Así que no te hablo acerca de esta ley a partir de un libro, o de un conocimiento prestado, o de un sistema de creencias, sino de la verificación de mi propia experiencia personal. Yo trabajo y espero el descenso de la gracia en mí.

El amor verdadero tiene límites. El miedo no los tiene. La verdadera relación opera dentro de límites muy claros y bien establecidos. La incapacidad de honrar estos límites significa que la relación no puede durar. Punto. Fin de la historia. Los límites en la relación *no son arbitrarios* o *secretos*, conocidos solo por mí. Son establecidos mutuamente para limitar mi comportamiento, a los cuales me someto voluntariamente por que estoy comprometido con la relación a largo plazo. Punto. Lo que sucede en la mayoría de las relaciones donde dos personas declaran amor eterno el uno por el otro, es que son dos personas que funcionan sin tener unos límites mutuamente aceptables y acordados; en una relación en la que no hay compromiso, solo lo que yo quiero, cuando yo lo quiero, y como yo lo quiero. Esta es una relación de nivel emocional infantil; así es como los bebés desean ser tratados por sus madres. Es el resultado de pequeños "yoes" egoístas adueñados del momento, entrando en relación y luego desapareciendo. Crisis y rompimiento son el resultado inevitable de pequeños "yoes" en relación, seres inconscientes tomando decisiones mecánicas y sufriendo interminablemente.

No es lo mismo cuando los centros superiores son activados en el instrumento biológico humano. En este caso, el resultado es un comportamiento no egoísta que actúa por el bien del otro, sin importar el costo. La consciencia es el mecanismo receptor que permite la acción de los centros superiores en mí. Una vez que la consciencia es despertada, entonces estoy voluntariamente bajo la influencia de los centros superiores. A través de mi práctica generé la invitación que activa su influencia en mí. La consciencia es la manifestación de los centros superiores en mí. Esta es la ley y obliga al ser humano a actuar correctamente, a partir de la bondad fundamental. Esta es la naturaleza del alma y es nuestro derecho de nacimiento. Merecemos ser buenos y hacer el bien. El alma es un ser angelical el cual desciende del mundo angelical al instrumento biológico humano para desarrollar la habilidad de amar incondicionalmente. La Tierra es la escuela, un jardín de niños para almas, donde las almas sin desarrollar son enviadas para aprender. El programa es simple pero no fácil. Estamos aquí para aprender como amar, sin limitaciones, ni expectativas o condiciones. El medio para aprender existe en todo humano: es la auto observación, una simple herramienta para aprender. Es todo lo que jamás se necesita.

Para hacerlo, debo recolectar y almacenar la energía vibratoria de las impresiones entrantes, en lugar de permitir que el complejo-intelectual-emocional la robe y la use para una representación inútil e interminable de psicodramas y reacciones mecánicas. Debo comenzar a "comer" la energía vibratoria de las impresiones entrantes. "A veces me como al oso, a veces el oso me come a mí",[7] así es como las tradiciones chamánicas enuncian esta práctica. A mediados del siglo veinte en la Nueva York, había un hombre interesante que manejaba una tienda de antigüedades. Se convirtió en una leyenda en el medio espiritual. Le llamaban Rudi, o Swami Rudrananda. Rudi era un comensal de impresiones de energía vibratoria y también enseñó a otros a hacerlo. Trabajaba con los centros superiores. Se sentaba en un cuarto con sus estudiantes durante horas y simplemente absorbía la energía vibratoria de las impresiones entrantes, sin interferencia ni identificación. Era un comensal objetivo de impresiones. Hacer esto permite al cuerpo activar sus funciones superiores, en cuanto "instrumento transformacional de energía". La tarea consiste en no interferir conscientemente con la energía entrante, dejando al cuerpo desempeñar sus funciones superiores. Si robo constantemente esta energía, el cuerpo se queda en el nivel mamífero, como una simple máquina.

Ser un comensal objetivo de impresiones energéticas vibratorias es justamente el Trabajo para el cual fueron creados los humanos: ayudar al Creador a mantener Su creación y proveer sustancias sutiles o alimento, tanto para la creación de un cuerpo superior dentro de mí como para alimentar a seres superiores como la Tierra, un ser angelical. Mira esto desde otro punto de vista, una analogía más simple, en escala más pequeña. Una zanahoria entra en el cuerpo como una energía muy burda que el cuerpo no puede utilizar. Debe ser transformada en energía más fina, más sutil para que yo la pueda usar. La mastico, deshaciéndola, mezclándola con la saliva, después con los jugos gástricos, donde se hace

7. "A veces me como al oso, a veces el oso me come a mí": expresión utilizada en lengua inglesa para decir "a veces gano, a veces pierdo".

cada vez más fina para que pueda ser absorbida a través de la pared del estómago y de los intestinos y convertida en sangre. La energía vibratoria que entra de las impresiones es burda mientras que el Creador existe en un nivel de energía muy fina, llamémosla amor por ejemplo, o razonamiento objetivo, o prana. Si yo no interfiero con esta energía, si no la robo para mis psicodramas o fantasías egoístas, emociones negativas, e imaginación, entonces el cuerpo es capaz de asumir su función objetiva superior como instrumento transformacional para alimentar al Creador, o los centros superiores. Todo en el universo debe alimentarse, esta es una ley objetiva. El Creador no está exento.

Este camino requiere valentía. La valentía no sale barata. La valentía no es para héroes, los héroes no la necesitan; la valentía es para los cobardes como yo. Nace por ver el horror de la situación interior, con tanta claridad, que cualquier cosa es preferible. A este punto me entra el valor para ir hacia lo desconocido, porque lo conocido se ha vuelto inaceptable, hasta insoportable. Pero en este caso lo desconocido se está volviendo menos misterioso gracias a los nuevos descubrimientos de la neurología. Jonah Lehrer escribe sobre estos descubrimientos en su artículo del *New Yorker* "The Eureka Hunt". Lehrer cita investigaciones hechas en el lóbulo prefrontal del neo-cortex del cerebro, donde revela "...El cortex prefrontal (la parte 'superior' del cerebro) modula directamente la actividad de otras áreas" (Julio 28, 2008. 45). Muchos de estos estudios no solo se enfocan en la parte superior del cerebro, sino que también en el hemisferio derecho. Este hemisferio es la puerta hacia lo desconocido, o sea esa parte del cerebro ligada a los centros superiores. Estos estudios revelan que las mediciones de un electroencefalograma en individuos registran información muy precisa en el momento en que sucede lo que ellos llaman "revelación" y yo llamo inspiración – "... El electroencefalograma registra un pico en el ritmo de las ondas gamma, las cuales tienen la frecuencia eléctrica más alta generada por el cerebro. Se piensa que el ritmo de las ondas gamma proviene de la "unión" de las neuronas, como las células distribuidas a través del cortex se atraen para formar una nueva red, la cual es capaz de entrar en la consciencia" (43). En otras palabras, el cerebro está siendo reordenado y transformado en una configuración completamente nueva y desconocida ante la presencia de una "revelación". Esto es lo que la meditación y la Auto Observación hacen. Lehrer dice, "Una revelación es una visión fugaz de la inmensa sabiduría desconocida almacenada por el cerebro. El cortex está compartiendo uno de sus secretos" (45).

En las tradiciones espirituales antiguas esto no es noticia. Cuando Lord Sri Krishna instruye a Arjuna en cómo colocar su atención "... entre sus cejas", lo hace porque los maestros saben que la colocación consciente y sostenida de la atención dispara el flujo del ritmo de las ondas gamma en el cortex, es decir esos ritmos que emanan de los centros superiores, y lo abre a estos centros, los cuales son totalmente operativos pero a los que no estamos conectados. El resultado es lo que han llamado "iluminación". He aquí cómo funciona. Cuando enfoco conscientemente la actividad del hemisferio izquierdo para encontrar el cuerpo y sentirlo, colocando la atención en la parte superior del cortex prefrontal, esto mantiene al hemisferio izquierdo ocupado para que no siga su búsqueda y clasificación aleatoria y compulsiva de su contenido. Ahora ha encontrado su lugar justo en el instrumento y, muy lentamente, comprenderá cuál es su lugar acorde a la ley. Llegará a comprender lo que puede hacer de forma útil y eficiente en el funcionamiento del instrumento. En algunas tradiciones chamánicas, esto era conocido como "limpiar la isla del tonal". En un lado de la isla (cerebro), todos los múltiples "yoes" existen , en el asilo psiquiátrico, con sus múltiples agendas, tratando de atrapar la atención. En el otro lado, el hemisferio derecho es un testigo silencioso, que observa sin interferir. En cuanto la multitud en el lado izquierdo deja de ser alimentada, estos "yoes" también se acallan. Ahora el hemisferio izquierdo puede asumir su función superior, como sirviente pasivo del hemisferio derecho, que a su vez se vuelve más conscientemente activo y cuya función es recibir información de los centros superiores. El hemisferio derecho, una vez activado conscientemente, se vuelve un canal para lo desconocido, para la "revelación" y el fluir de la sabiduría. Esta es otra forma de meditación, la meditación en acción. El alma medita objetiva y activamente sobre el cuerpo y sus funciones, sin deseo ni interferencia, y el cuerpo pasivamente recibe sus emanaciones. El resultado de dicha meditación objetiva es la ausencia de tensión en el instrumento biológico humano, la disminución del pensamiento innecesario y el cese gradual de las emociones inadecuadas. Esto es lo que las antiguas tradiciones espirituales han llamado "el estado de iluminación". Ahora soy un canal, un "bambú hueco" como lo llama el Zen. Soy un receptor objetivo de las emanaciones superiores y un comensal objetivo de las impresiones de energía vibratoria. Soy una unidad de Trabajo eficiente en la Creación, asumiendo mi lugar acorde a la ley, afinado, en armonía, alineado con el Creador. Este es el nivel más alto del recuerdo de sí mismo.

Los centros superiores siempre están funcionando en el cuerpo, pero su influencia es ahogada por el ruido del parloteo constante de la mente. Debo permanecer quieto, "parar el mundo", para poder recibir su influencia. Por ley, yo debo enviar la invitación. La identificación oculta su influencia en mí. Cuando estoy presente a la presencia interior (aun otro nivel de recuerdo de sí mismo), la ayuda llega. La transformación es el resultado. El cerebro se reordena y el ser es transformado.

Calling the Rain Spirit

My daughters and I once drove past a spot
where trees and grass were on fire.
We stopped: 100 degrees, no clouds,
nothing to fight the fire with.
Rain Drop was 5 then. She said she would
call the Rain Spirit and she did.

Eyes closed she sat there
in the back seat, legs crossed,
and then she fell right over.
She lay totally still.
Little Wind and I watched,
not sure what to do.

A few minutes and she sat up.
A few more and the rain came in sheets
so heavy cars pulled over and stopped.
The fire was put out at once.
I saw it happen. It was child's play.
I do not expect you to believe it;

I only tell you this because I saw
the price we have paid
in trading trust for reason.
Rain Drop knew exactly what to do
and she did it. I saw it.
I do not expect you to believe it.

(Red Hawk. *Sioux Dog Dance*, 25)

Llamando al espíritu de la lluvia

Mis hijas y yo una vez pasamos por un lugar
donde los árboles y el pasto estaban en llamas.
Nos paramos: 100 grados, ni una nube,
nada con que combatir el fuego.
Rain Drop tenía 5 años entonces. Dijo que
llamaría al Espíritu de la Lluvia y lo hizo.

Con los ojos cerrados se sentó ahí
en el asiento trasero, piernas cruzadas,
y entonces se dejo ir por completo, acostada.
Permaneció totalmente quieta.
Little Wind y yo mirábamos,
sin saber que hacer.

A unos pocos minutos se sentó.
Poco después la lluvia empezó a caer a cantaros
tan cerrada que los autos se orillaban y paraban.
El fuego se apagó enseguida.
Yo lo vi suceder. Fue un juego de niños.
No espero que me crean;

Solo lo cuento porque vi
el precio que hemos pagado
queriendo cambiar la confianza por la razón.
Rain Drop sabía exactamente qué hacer
y lo hizo. Yo lo vi.
No espero que lo crean.

(Red Hawk. *Sioux Dog Dance*, 25)

Epílogo

En el viaje del Guerrero… en lugar de trascender el sufrimiento de todas las criaturas, nos movemos hacia la turbulencia y la duda cada vez que podamos. Exploramos la realidad y lo impredecible de la inseguridad y del dolor, tratamos de no alejarlo. Aunque tome años – aunque tome vidas– lo dejamos que sea tal como es. A nuestro ritmo, sin prisa ni agresión. Nos movemos hacia la profundidad cada vez más. Junto con nosotros se mueven millones, nuestros compañeros en el despertar del miedo.

(Pema Chödrön)

Para poder ver claramente, con sensibilidad, objetividad real, es imperativo que uno encuentre la manera de no tomar posición alguna en relación al pensamiento, sentimiento y experiencia. Es algo muy difícil de hacer. A pesar de ello, debe ser hecho; y es cierto que el descubrir la habilidad para no tomar una posición en relación al pensamiento, sentimiento y experiencia es el fundamento mismo para la perspectiva de la Iluminación… Uno debe encontrar de alguna manera el camino a través de la contemplación y la meditación para no tomar posición alguna y así ser capaz de percibir lo Real… Finalmente, uno debe preguntarse: ¿Qué posición estoy tomando y a qué grado puedo verdaderamente ser capaz de no tomar posición alguna en relación con lo que estoy percibiendo? Este tipo de meditación debe ser mantenido. Esto no es algo que se pueda hacer solo una vez y dejarlo.

(Andrew Cohen. "The Paradox of the Fully Awakened Condition." *en* What is Enlightenment? *2:1 [Enero 1993]. 6-7)*

Tú no estás realmente cansado de tener miedo o si no lo dejarías. En algún lugar en ti no quieres soltarlo, estás aferrado a él. No puedes cambiarte a ti mismo, nada puede cambiarte: ninguna Terapia Primal, o Grupos de Encuentro –nada. Lo único que puede suceder es que llegues a aceptarte a ti mismo. Ni siquiera Dios puede cambiarte. Sino, ¿porqué te hizo así, y por qué no podría cambiarte si no estuvieras bien? Y si Él te hubiese cambiado, entonces ya no serías quien eres. Él te hizo de la única manera que era posible hacerte. Tú crees que eres horrible, entonces sé horrible. No te gusta tu cuerpo, no te gusta tu mente –ellos son tú, acéptalos…

Y es el ego el que quiere cambiar, volverse radiante, iluminado, único. Nadie se ama a sí mismo. Y esta es la actitud totalmente hermosa del hombre religioso –nada puede ser cambiado, así que come bien, vive, disfruta–. Él no desperdicia su energía peleando contra sí mismo. Nada está mal solo hay una mala actitud. Estás tratando de encontrarle la cuadratura al círculo –no puede ser hecho; si se pudiera ya no sería un círculo–.

(Osho Rajneesh. Pre-Darshan Notes. *Poona, India: Junio 26, 1975)*

Glosario

Alma: (ver Ser).

Atención: el acto de enfocar la mente, sentimientos y el Ser en un objeto o proceso; el Ser es Atención en un cuerpo humano; Consciencia (ver también: Ser).

Bondad básica: la verdadera naturaleza-del-Ser no comprometida por la interferencia-del-ego; el Ser instruido y guiado por la Consciencia (sugerido por Chögyam Trungpa Rinpoche).

Buffers: un sistema cuya función es proteger la estructura-del-ego y evitar que me vea a mí mismo tal como soy; evitar que vea las contradicciones de los múltiples pequeños "yoes" en mí; compuesto de muchas cosas, entre las que están culpabilizar, justificar, la auto-importancia y la auto-compasión.

Centros: algunos sistemas pueden llamarlos Chakras, puntos de transformación de energía en el cuerpo; aquí consideramos principalmente 4 centros: intelectual (cabeza-cerebro), emocional (plexo solar-centro del corazón), instintivo (ombligo), y el motriz (base de la espina dorsal). El Trabajo también enseña sobre dos centros superiores intelectual y emocional, los cuales existen fuera de, pero conectados a y accesibles a través del cuerpo.

Círculo de Trabajo: (o círculo interno de Trabajo): el espacio interior, sin juicio, creado por la no-identificación con lo que es observado, permite que lo que surge en mí, surja sin interferencia; aquellos pequeños "yoes" internos y grupos de "yoes" que se han unido para apoyar el Trabajo interior; la conexión de la mente y el cuerpo a través de la sensación que permite el trabajo armonioso de los centros.

Consciencia: el vínculo orgánico en el instrumento biológico humano hacia la Mente y el Corazón del Creador; la fuente de la Voluntad Real (ver también: Voluntad). También llamado por algunos Espíritu Santo o Ángel Guardián.

Consciencia objetiva: la fuerza de vida elemental o inteligencia en todos los seres sintientes; el sentido de "Yo Soy" del ser o la presencia; el sentido de que yo existo; atención libre sin interferencia del ego. En los humanos, es posible a través del esfuerzo consciente desarrollar y madurar esta fuerza hasta el nivel del Creador; la auto observación es un medio para lograr esto.

Contaminación: identificación, con el cuerpo y sus funciones y condicionamiento, o con objetos externos y gente; el Punto Ciego (ver también: Punto Ciego); los programas colocados en los centros-de-energía del cuerpo por aquellos seres bien intencionados (o no) pero ignorantes, que nos influenciaron durante nuestra infancia: estos programas que definen, limitan, circunscriben al ser, a la vida y al mundo, ellos controlan cómo y qué vemos y sentimos.

Corredor de la locura: el punto en el proceso de auto observación cuando el sistema de *buffers* es borrado, el punto ciego es totalmente revelado, la resistencia al Trabajo es feroz, y el Armagedón interior sucede. La única esperanza para que mi Trabajo sobreviva es confianza total en Dios, el Gurú, el Dharma, la Sangha y la práctica. Un cambio de contexto debe ocurrir aquí (ver capítulo 17).

Creador: ¿Quién sabe? yo no. Quizás Yo.

Cuerpo honesto: un cuerpo conscientemente relajado, especialmente en momentos de estrés; un cuerpo sin las tensiones innecesarias de la identificación.

Deseo: del centro emocional, puede ser más profundo, posiblemente del Ser; es el resultado del sufrimiento voluntario y es el primer grito pidiendo ayuda cuando veo la necesidad del cambio interior (ver también: propósito, intención, deseo).

Ego: la estructura completa psico-emocional, albergada no solamente en el complejo-intelectual-emocional, sino también en el centro motriz como ciertas posturas o movimientos.

Emoción negativa: todas las emociones basadas en el miedo que no estén relacionadas con un peligro-presente al organismo; aquellas emociones que no son amor.

Identificación: yo-soy-eso; la creencia de que yo soy solo el cuerpo o los procesos o funciones del cuerpo, o cualquier cosa que no sea Atención .

Instrumento biológico humano: el cuerpo humano visto desde un punto de vista más objetivo.

Intención: del centro intelectual, aunque puede ser más profunda, posiblemente desde el Ser; cuando está combinada con el Deseo del centro emocional, puede ser el comienzo de la Voluntad (ver también: Deseo, Voluntad).

Laberinto: otro nombre para el llamado complejo-intelectual-emocional.

Mecánico/a: dirigido por el hábito; piloto automático; inconsciente; no darse cuenta.

Objetivo/a: la visión de un objeto o proceso sin la interferencia del ego, sus creencias, opiniones, juicios, gustos y disgustos, es decir sin identificación con el objeto o proceso (ver también: identificación, ego).

Propósito: el resultado de la combinación de las fuerzas de Intención (del centro intelectual) y Deseo (del centro emocional); el Objetivo Real proviene de la Consciencia y es el principio de la Voluntad (ver también: intención, voluntad).

Punto ciego: conocido de varias maneras como rasgo principal, restricción, mezquino tirano, contaminación, falla principal, o defecto principal; el mago detrás de la cortina; el rasgo central alrededor del cual la estructura psico-emocional o ego se construye. Es obvio para todos menos para uno mismo, para quien toda la evidencia no puede convencerme de su crucial importancia.

Sensación: el movimiento de energía en el cuerpo, como lo revela la Atención así como las percepciones de los 5 sentidos.

Ser: llamado de varias maneras Alma, Atman, Espíritu; es Atención o Consciencia, no desarrollada en la vida ordinaria, desarrollada solo a través de un esfuerzo especial, esfuerzo Consciente (ver también: Atención).

Sufrimiento voluntario: diferente del sufrimiento ordinario de la humanidad el cual es debido a la acción del hábito y del sistema de creencias, expectativas y deseos; el resultado de la Intención Consciente de observarme a mí mismo honestamente, sin juicio y sin tratar de cambiar lo que es observado; a diferencia del sufrimiento ordinario mecánico, el Sufrimiento Voluntario tiene el poder de transformar al Ser.

Trabajo: (también Trabajo Práctico en el Ser): labor interior consciente, intencional de observarme a mí mismo tal cual soy, sin juicio y sin tratar de cambiar lo que es observado; recordarme a mí mismo en medio de mi vida diaria; el sufrimiento voluntario como resultado de observarme a mí mismo tal como soy, sin *buffers*, mintiendo, culpando o justificando.

Voluntad: el enfoque Consciente de los centros intelectual, emocional e instintivo-motriz simultáneamente en un objeto, acción, dirección o proceso; la habilidad de dirigir la Atención (ver también: deseo, propósito).

Voluntad de atención: la habilidad mínima y fundamental, para dirigir conscientemente la atención hacia un objeto o proceso interior, aún bajo el poder de la identificación cuando ninguna otra acción es posible; la habilidad de verme a mí mismo tal como soy en medio de mi vida diaria.

Referencias

Peter Brook. "The Secret Dimension". En: *Gurdjieff: Essays and Reflections on the Man and His Teaching.* Ed. Needleman, Jacob and George Baker. Continuum: New York, 1996.

Buda. *Dhammapada.* Tr. Thomas Byrom. New York.: Viking Press, 1976.

De Salzmann, Michel. *Material for Thought 14.* San Francisco: Far West Editions, 1995.

Gold, E. J. *The Joy of Sacrifice: Secrets of the Sufi Way.* Prescott, Arizona: Hohm Press, 1978.

Gurdjieff, G. I. *Views from the Real World.* New York: Penguin Books, 1973.

Lannes, Henriette. *Inside A Question.* London: Paul H. Crompton LtD., 2002

Lao Tsu, *Tao Te Ching.* Translated by Gia-Fu Feng. New York: Viking, 1972. Sutra 33.

Lozowick, Lee. *Abundancia o miseria. Enseñanzas sobre la mente y las emociones.* Miami, Hara Press, 2010.

Osho. *The Dhammapada: The Way of the Buddha.* Portland, Oregon. Rebel Publishing House, n.d.

Ousensky, P.D. *The Fourth Way.* New York: Vintage Books, 1957.

Red Hawk. *The Art of Dying.* Prescott, Arizona: Hohm Press, 1999.

Red Hawk. *The Sioux Dog Dance.* Cleveland, Cleveland State University Press, 1991.

Red Hawk. *The Way of Power.* Prescott, Arizona: Hohm Press, 1996.

Red Hawk. *Wreckage With A Beating Heart.* Prescott, Arizona: Hohm Press, 2005.

Young, Mary. *As It Is.* Prescott, Arizona: Hohm Press, 2000.

Made in the USA
Las Vegas, NV
13 June 2023

73370218R00142